교 양 의 발 견

이근철의 고품격 컬처 수다

교양의 발견

이근철 지음

한국경제신문

'발견'의 즐거움으로
일상을 가득 채워보세요

25년 전 '이 음식'을 처음 접했을 때 저는 무척 당황했습니다. "아니, 어떻게 생돼지고기를 멜론에 얹어 먹어?" 하지만 그 음식을 입에 넣고서는 감동에 휩싸인 표정을 짓는 이탈리아 친구를 보고 저도 얼른 한입 베어 물었죠. 숙성시켜 얇게 저민 돼지 뒷다리살과 멜론의 향긋한 향, 그리고 혀를 감싸는 부드러움. 이 절묘한 궁합의 맛을 처음 느꼈던 순간은 아직도 기억에 생생해서, 지금도 이걸 먹으면 시간 여행 하듯 그 순간이 떠오릅니다.

그 음식이 뭐냐고요? 이탈리아에서는 프로슈토prosciutto, 스페인에서는 하몽jamón이라 불리는 음식입니다. 저에겐 아주 새로운 경험이었습니다. 돼지고기와 과일의 충격적인, 하지만 즐거운 조합의 발견! 아주 인상적인 순간이었죠. 이렇듯 일상의 작지만 새로운 발견은 우리를 설레게 하고, 더 배우게 하고, 성장하게 하는 원동력이 됩니다.

세상에서의 첫 들숨이 시작되는 때부터 마지막 날숨으로 삶을 마무리하는 순간까지, 우리는 날마다 새로운 무언가를 깨닫고 배웁니다. 음식과 관련된 일상 등 문화의 발견부터, 세상 돌아가는 이야기를 기록한 역사의 발견, 그리고 지구가 2억 년 넘게 3,000미터 높이의 눈과 얼음으로 뒤덮여 있던 죽음의 별이었다는 언뜻 믿기 힘든 과학의 발견까지…. 그 발견의 종류도 다양합니다. 그리고 이런 소중한 발견들은 우리보다 앞서 끝없는 도전 정신으로 험한 길을 먼저 갔던 수많은 선배 인류의 노력이 있었기에 가능했죠. 그 점에 늘 머리 숙여 감사하게 됩니다.

현재 우리는 정말 많은 발견으로 가득한 세상에 살고 있습니다. 물론 그 수많은 발견을 다 알 수도, 또 다 알 필요도 없습니다.

그저 우리의 삶을 더 설레고, 풍요롭고, 행복하게 하는 범위 내에서 즐기면 되는 것이겠죠. 이 책은 이런 작은 발견의 기쁨을 함께 나누고 싶은 '발견 도우미'의 마음에서 시작되었습니다. 제가 먼저 가보았던 맛집을 안내하는 느낌으로 말이죠.

사실 '발견'과 '배움'의 놀라운 점은 평생 '행복한 성장'을 계속하게 만든다는 것입니다. 절대 멈추지 않지요. 《교양의 발견》을 보시는 분들도 이 책을 통해 더 많이 발견하고, 그 발견을 주위에 골고루 나눠 주시기를 바랍니다. 바로 그게 이 책을 쓴 저의 목표이자 가장 커다란 행복일 겁니다.

저 나름대로 찾아온 작은 발견들이 책으로 나오기까지 많은 분들의 커다란 도움이 있었습니다. 이 프로젝트가 현실이 되도록 힘을 실어주신 전준석 주간님, 처음부터 마지막까지 꼼꼼하게 챙기며 《교양의 발견》에 숨을 불어넣어주신 황혜정 팀장님께 많이 감사드립니다. 그리고 책을 위해 많은 애를 써주신 한경 BP 관계자분들께도 감사의 마음을 전합니다. 팟캐스트 〈교양의 발견〉에 즐거운 마음으로 흔쾌히 함께해준 송진희 씨, 그리고 꼼꼼한 피드백으로 팟캐스트를 완성해준 이찬형 부장에게도 고마움을 전합니다.

마지막으로, 열린 마음으로 이근철의 발견에 함께 동참해주시는 독자분들과 청취자분들께 진심으로 감사드립니다. 매일매일 더 많은 행복과 좋은 에너지를 즐겁게 발견하시기 바랍니다. Thanks a million~!

깨우침을 가졌다면 그 누구라도 다른 이의 마음을 열 수 있고,
배우는 즐거움을 가졌다면 그 누구라도 삶을 변화시킬 수 있음에
감사합니다.
―이근철

이근철의 고품격 컬처 수다
교양의 발견

차례

P
A
R
T

1

Myself
나 자신을 알자

Myself

나
자신을
알자

스스로의 명성을 존중한다면 품격 있는 이들과 어울려라.
이는 곧 좋지 않은 사람들과 함께하느니
혼자 있는 편이 나음을 의미한다.

조지 워싱턴(미국)

밖이 아닌
내면이 충만해야

이근철의 고품격 컬처 수다
교양의 발견

만일 여러분에게 지금 당장 한 나라의 황제가 될 기회가 주어진다면 기분이 어떨까요? 그런데 이때 황제가 될 기회를 포기하면 모든 국민들에게 혜택을 줄 수 있는 기회도 동시에 주어진다면, 어떤 선택을 하시겠어요? 정말 고민되지 않을까요? 자, 이와 비슷한 선택의 기로에 있었던 장군이 있었습니다. 1783년 영국과의 독립전쟁을 미국의 승리로 이끈 조지 워싱턴^{George Washington}(1732~1799년) 장군이 바로 그 주인공입니다.

조지 워싱턴은 승리의 기쁨에 빠진 휘하 장군들의 추대로 13개 주의 자치권을 인정하는 대신, 왕좌에 오를 기회가 있었습니다. 그러나 그는 미국을 민주 공화정의 나라로 만들었습니다. 왕정 국가라는 유럽의 구체제를 답습할 생각이었다면 독립전쟁을 시작하지도 않았다고 거부하면서 말이죠. 자신의 이익보다는 명예를 중시한 한 개인의 결단이 오늘날의 미국을 만들어낸 것입니다. 이처럼 스스로의 품위와 명성을 지키기 위해 왕이 될 기회까지 포기한 워싱턴이 가장 중요시한 게 바로 '품격 있는 이', 즉 '좋은 친구'입니다.

"친구를 보면 그 사람을 알 수 있다"라는 말처럼 친구란 우리의 삶에서 아주 중요한 존재입니다. 그렇다면 좋은 친구는 어떻게 만날 수 있는 걸까요? 처음 만난 이에게 "당신은 좋은 사람인가요?"라고 물어볼 수도 없으니 말이죠. 결국 직접 알아보는 수밖에 없는데요, 저는 상대가 평소에 어떤 말을 즐겨 하고, 어떤 음식을 자주 먹고, 또 어떻게 먹는지 같은 일상의 모습을 유심히 살펴봅니다. 한번은 함께 운동을 한 분들과 밥집을 찾은 적이 있습니다. 남도 음식점이라 먹음직스런 음식들이 한 상 가득 나왔죠. 그런데 한 분이 인원수에 맞춰 나온 전을 맛있다며 혼자 다 집어 먹지 뭡니까. 상대에 대한 배려보다는 자기만족을 추구하는 평소 습관이 나온 것이죠. 흥미로운 점은 그분은 운동할 때도 비슷한 성향을 보인다는 것입니다. 바꿔 말하면 일상의 작은 습관들은 곧 한 사람의 가치관, 인간관계를 비롯해 사업관부터 인생 전체를 드러내는 거울이라고 할 수 있습니다.

따라서 좋은 친구를 사귀고 싶다면 그 사람의 말하는 습관, 음식 먹는 습관, 또는 남의 단점을 먼저 보는지, 또는 긍정적인 이야기를 즐겨 하는지와 같은 평소의 모습을 살펴야 합니다. 그 사람의 습관이 곧 그 사람의 인생이고, 앞으로 친구로서 내가 가장 많이 겪게 될 모습인데요, 나와 습관이 맞지 않는다면 참으로 불편하고 힘든 일이 될 수밖에 없습니다.

참고로, 새로 알게 된 사람을 시간을 두고 살펴보니 본인이 평소 하는 말과 실제 습관에 차이가 있는 경우를 볼 때도 있는데요, 이런 상황에서는 말이 아니라 습관이 그 사람의 진짜 모습일 가능성이 무척 높습니다. 왜냐하면 말은 꾸밀 수 있지만, 오랜 시간에 걸쳐 형성된 습관은 부지불식간에 드러나기 마련이기 때문이죠.

더불어 직장이나 사회에서 인맥을 쌓고 싶은 사람이 사회적·경제적·문화적으로 많은 이들에게 인정을 받는 사람이라면 꼭 기억할 것이 있습니다. 그에게서 내가 얻을 수 있는 혜택에 대한 막연한 기대감, 또는 좋은 인상을 남기고 싶은 생각에 나의 호불호를 명확히 밝히지 않으면 처음의 관계가 그대로 굳어질 가능성이 높다는 것입니다. 내가 불편해할 만한 상대편의 습관을 그냥 얼떨결에 받아들인다거나, 아니면 존중받을 만한 나의 습관을 알릴 기회를 날려버리는 것은 대부분 만남 초기에 결정되기 때문입니다.

그래서 직장 생활을 포함한 사회생활에서도 저는 상대편이 불쾌해하지 않는 범위 내에서 제 생각을 부드럽게, 하지만 명확히 밝힙니다. 이것은 '나는 어떤 사람이다' 라고 나 자신을 소개하는 아주 중요한 과정입니다. 사회생활이라고 마냥 나를 억누를 필요는 없습니다. 결국 오래 만날 사람은 나와 잘 맞는, 그럼으로써 행복감을 주는 사람이기 때문이겠죠. 향기 없는 꽃에 호기심을 느끼고 다가오는 사람은 없을 테니까요.

제게는 누군가를 오랫동안 만나게 되는 두 가지 기준이 있습니다. 첫째는 '이 사람과 함께하면 행복한가?' 이고, 둘째는 '나의 배움과 성장에 도움이 되는 사람인가?' 입니다. 물론 두 가지 조건에 전부 해당되는 친구라면 최고일 겁니다. 그런데 이때 저는 이 질문을 거꾸로 저에게도 합니다. '나는 다른 사람에게 행복감을 주는 인물인가?' 또 '나는 다른 사람의 배움과 성장을 돕는 인간인가?' 라고 자문하는 것입니다. 이 질문을 나 자신에게 자주 던지고 생각하다 보면, 결국 자연스레 다음과 같은 당연한 사실을 깨닫게 됩니다.
'내가 행복하고 늘 성장하려는 노력을 즐겁게 해야 친구들의 행복과 성장도 도울 수 있구나!'

마찬가지로, 주목받는 사람을 친구로 두는 것이 자랑거리가 될 수는 있지만, '나는 그 사람이 자랑스러워하는 친구인가?'를 생각하지 않으면 그 관계는 오래갈 수 없습니다. 다시 말해, 오래가는 친구 관계의 근본에는 바로 내 내면을 행복으로 가득 차오르게 하는 습관이 있어야 합니다. 나의 내면을 찬찬히 들여다보고, 내가 행복해하는 이유를 알고, 그것을 행동으로 옮겨 습관으로 만들면 좋은 친구, 그래서 오래가는 품격 있는 친구가 자연스레 생길 수밖에 없을 테니까요! 워싱턴이 남긴 "스스로의 명성을 존중하라"라는 말 역시 결국에는 밖이 아닌 내면의 행복에 집중하라는 뜻으로 읽힙니다.

이처럼 내면의 중심에 삶에 대한 나만의 철학과 흔들림 없는 행복을 두어야 합니다. 내 중심이 없다면, 결국에는 진정한 친구도 행복도 성장도 없을 테니까요.

KEY-POINT

❶ 나의 10년 후의 모습이 궁금하다면, 지금 내가 자주 만나는 사람을 보면 됩니다.

❷ 식습관, 말하는 습관, 모르는 사람을 대하는 습관이 그의 많은 것을 말해줍니다.

총과 아이언맨, 그리고 뱀파이어

미국 하면 떠오르는 것들이 정말 많습니다. 수많은 영화의 배경으로 등장하는 자유의 여신상과 엠파이어스테이트 빌딩, 샌프란시스코의 금문교, 자연의 위대함에 압도되는 그랜드캐니언, 사막 한가운데에 만들어진 화려한 인공 도시 라스베이거스, 허니문 휴양지 하와이, 선망의 대상 할리우드, 재즈의 본고장 뉴올리언스 등등 누구나 한 번쯤 들어봤을 이름들이 끊임없이 떠오릅니다.

미국은 잘 알다시피 현재 세계 최고 강대국입니다. 그만큼 수많은 분야에서 세계 최고, 세계 최대를 자랑하고 있죠. 미국은 영화 산업과 음반 시장이 세계 최대 규모이고, 세계에서 가장 많은 부호들이 사는 곳이며, 노벨상 수상자도 가장 많습니다. 석유, 은행, 전기, 통신, 무기 등 전통적인 영역의 기업뿐만 아니라 애플, 구글, 페이스북, 테슬라와 같이 새롭게 등장한 세계적인 공룡 기업이 가장 많은 나라이기도 합니다. 250년이라는 비교적 짧은 역사에 비해 어느 영역이든지 '세계 최고'라는 단어를 써도 전혀 어색하지 않는 나라인 것입니다.

그런데 좋은 쪽으로만 세계 최고인 것도 아닙니다. 예를 들어 1년에도 몇 번씩 방송 매체를 통해 전해지는 미국의 총기 사고 뉴스에 익숙하실 텐데요, 학교나 쇼핑몰에서 일어난 총기 사고로 적게는 몇 명, 많게는 수십 명이 희생되었다는 안타까운 뉴스 말입니다. 실제로 미국에서는 해마다 10만 명 정도의 총기 관련 희생자가 발생하고, 그중 3만 명 정도가 목숨을 잃고 있습니다. 깜짝 놀랄 만한 수치가 아닐 수 없죠. 그런데도 왜 '총기 소지 금지법'은 국회를 통과하지 못하는 것일까요? 미국 최대 이익 단체 중 하나인 전미 총기협회National Rifle Association, NRA의 집요한 로비도 큰 이유이지만, 그 밑바닥에는 여러 가지 다양한 요소가 존재합니다.

미국인의 손에 총이 쥐어지게 된 결정적인 계기는 영국으로부터의 독립전쟁(1776년)이라 할 수 있습니다. 그런데 미국이 독립전쟁을 벌이기 전, 영국은 전 세계의 식민지 확보 경쟁에서 번번이 부딪치던 프랑스와 7년 전쟁(1756~1763년)을 벌이고 있었습니다. 이때 미국에 정착해 있던 식민지 자치 정부와 시민들이 영국의 편에 서서 프랑스를 좇아내는 데 큰 힘을 보탰죠. 문제는 오랫동안의 전쟁으로 재정 파탄 위기를 맞은 영국 정부가 재정을 확충하고자 식민지에 엄청난 세금을 부과하면서 발생했습니다. 식민지 시민들로서는 목숨을 걸고 도움을 줬더니 보상은커녕 오히려 푸대접을 넘어 세금 박해를 받은 꼴이니 분개할 수밖에요. 그때 이런 상황을 개탄한 언론인이자 사상가였던 토머스 페인Thomas Paine이 1776년 1월 10일 〈상식Common Sense〉이라는 49페이지 분량의 팸플릿을 발간하며 "미국의 대표가 영국 의회에서 발언을 할 수도 없는데 어떻게 과도한 세금만 낼 수 있는가?"라고 주장을 합니다. "대표 없는 곳에 세금 없다"라는 그의 주장이 억울한 식민지 시민들에게 폭넓은 지지와 공감을 이끌어 낸 것이죠.

이를 계기로 토머스 페인에게서 독립에 대한 사상적 기반을 얻은 미국은 같은 해 7월 4일(미국의 독립 기념일) 당당히 독립을 선포하

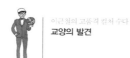

고 본격적인 전쟁에 돌입합니다. 그러나 전쟁은 쉽지 않았습니다. 전쟁 경험이 많고 화기도 충분한 영국군에 맞선 미군의 수준은 민병대에 가까웠기 때문이죠. 하지만 프랑스와의 7년 전쟁에 참여했던 조지 워싱턴 같은 불세출의 장군들과 군인들이 속속 독립전쟁에 뛰어들고, 영국을 싫어하던 프랑스와 네덜란드가 후방을 지원하고, 무엇보다 압도적으로 많은 수의 식민지 시민들로 인해 미국은 8년에 걸친 전쟁 끝에 독립을 이뤄내게 됩니다. 그리고 이때 미국인들은 중요한 사실을 하나 깨닫습니다. 자신들이 바라던 상식을 실현 가능하게 해준 게 바로 총이라는 것이죠. 무력이 없었다면 독립은 요원한 일이었을 테니 말입니다.

또한 1849년 캘리포니아에서 금이 발견되며 수많은 사람들이 서부로 몰려들게 된 골드러시Gold Rush 역시 총의 중요성을 인식케 한 결정적 사건이라고 할 수 있습니다. 황금을 지키기 위해, 그리고 황금을 빼앗기 위해서는 총이 필요했기 때문입니다. 더불어 광활한 서부 지역을 개척하기 위해 21세 이상의 미국 시민이 5년 동안 땅을 개척하면 20만 평 정도(약 160에이커)의 땅을 무상으로 제공하도록 한 '자영 농지법Homestead Act(1862년)' 역시 총을 생활 속에 정착시키는 데 한몫했다고 할 수 있습니다. 광활한 자연이 주는 공포

감, 법을 유지할 지방정부조차 존재하지 않는 상황, 아메리카 대륙의 본래 주인이었던 북미 원주민(옛 명칭: 인디언)과의 삶의 터전을 둔 싸움에서 자신과 가족의 목숨을 보호하는 최후의 수단은 총 한 자루밖에 없었기 때문입니다. 그 결과, 노예 문제와 화폐 발행의 주체 문제로 미국이 남북으로 나뉘어 벌였던 남북전쟁(1861~1865년) 즈음의 미국인들은 군인이 아니더라도 본인을 방어하기 위해 총 한 자루쯤은 필수품으로 여기게 되었죠. 이후로도 제1차 세계대전 참전과 승리의 과정에서, 특히 제2차 세계대전을 통해 군수물자의 생산 기지로 비약적인 경제

발전과 군사력의 성장을 가져오게 되었으니, 결국 미국이 탄생해서 세계 최고의 강대국이 되기까지 총은 미국인들에게 삶의 일부분이었다고 해도 과언이 아닙니다.

수천 년 역사에 걸쳐 다양한 사건들을 겪은 노년기 문화를 가진 유럽과는 달리, 독립한 지 250년 정도에 불과해 도전과 좌충우돌의 정신으로 '아메리칸드림'을 만들어온 미국만의 청년기 문화 역시 총기 소유에 대한 거부감이 적은 이유 중 하나라 할 수 있습니다. 청년은 영웅을 꿈꾸는 존재입니다. 원주민과의 생존 싸움, 개척 마을과 열차를 습격하는 무장 강도에 맞서는 용감한 카우보이와 보안관에서 비롯해 오늘날의 아이언맨에 이르기까지, 악당을 혼내주

는 영웅의 손에 무기가 없는 것은 상상하기 힘든 법이니까요. 영웅을 소재로 한 영화들이 상상을 초월하는 제작비가 투입되어 할리우드에서 수없이 만들어지고 전 세계적인 열풍의 진원지가 되고 있는 것도 이런 까닭입니다.

국가의 시작부터 함께하며 개인의 삶 속에 '자기 보호', '영웅 심리'의 인식으로 자리 잡은 총기! 미국인들이 그 위험성을 알면서도 쉽게 총을 폐기할 수 없는 밑바닥에 깔린 이유가 바로 이것이 아닐까 합니다.

마지막으로, 미국에서는 뱀파이어를 소재로 한 소설과 드라마, 영화가 다른 나라들에 비해 정말 많은 인기를 누리는데요. 그 이유역시 미국 특유의 청년 문화에서 찾을 수 있을 겁니다. 죽음의 의미를 피부로 직접 느끼거나 죽음을 꿈꾸는 젊음은 없는 법이니 말입니다.

❶ 미국의 탄생에서 세계 최대 강대국이 되기까지의 모든 과정에는 총이 있었습니다.

❷ 미국은 좌충우돌의 정신이 가득한 청년기 문화, 유럽은 용인성이 높은 노년기 문화입니다.

· 어록의 발견 ·

조지 워싱턴의 명언을 영어로 표현해볼까요?

스스로의 명성을 존중한다면 품격 있는 이들과 어울려라. 이는 곧 좋지 않은 사람들과 함께하느니 혼자 있는 편이 나음을 의미한다.

Associate yourself with men of good quality if you esteem your own reputation; for it' s better to be alone than in bad company.

분노는 무딘 자들을 재치 있게 만들어주지만,
가난 속에 가둬두기도 한다.

엘리자베스 1세(영국)

감정도
근육이다

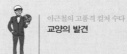

오늘 하루 나 자신을 분노하게 한 일이 있었나요? 혹시 너무 화가 나서 폭음이나 폭식을 하거나, 노래방에서 목청이 터져라 노래 부르며 스트레스를 풀고 있지는 않으세요? 사실 우리는 부정적인 감정이 솟구치면 당황해하며 즉시 없애버리기에 급급해합니다. 하지만 분노의 감정을 오히려 다른 시각에서 적극적으로 이용해보는 것은 어떨까요? 분노의 주된 속성 가운데 하나는 우리를 깨어 있게 하고, 또 기지를 발휘하게 하는 원동력이 된다는 점입니다.

"나는 국가와 결혼했다"라는 말로 영국 국민들에게 사랑받은 '처녀 여왕The Virgin Queen' 엘리자베스 1세Elizabeth I(1533~1603년)도 그랬습니다. 1558년 25세의 젊은 나이에 왕위에 오른 엘리자베스 여왕은 정치적인 안정에 중점을 두고 종교개혁을 진행했고, 프랜시스 드레이크Francis Drake와 같은 해적에게 작위를 내릴 만큼 실용성을 추구한 인물이었습니다. 이런 실용성을 바탕으로 군사력을 키워 1588년 스페인(에스파냐)이 자랑하던 아르마다Armada(무적함대)를 물리쳤을 뿐만 아니라, 셰익스피어로 대표되는 영국 문화의 황금기를 이끌기도 했죠.

44년 4개월의 재위 기간 동안 유럽의 변방국이었던 영국을 대영제국으로 발전시키는 데 탄탄한 초석을 마련한 그녀의 원동력 역시 '분노의 감정'이 아니었을까 생각합니다. 그녀의 어린 시절은 비극 그 자체였습니다. 사랑하는 어머니가 아버지 헨리 8세의 명령에 따라 참수를 당한 데다가 이복 언니 메리 1세에게 심한 박해를 받으면서 자라야 했죠. 왕위에 오른 뒤에도 호시탐탐 자리를 노리는 친척과 결탁한 정적들과도 목숨을 걸고 싸워야 했습니다. 일반인이라면 상상도 못 할 분노가 내면에 쌓였을 겁니다. 그럼에도 그녀는 분노의 감정을 타인을 향한 복수심으로만 몰아가지 않고 고난과 역경을 이겨내는 열정의 에너지로 바꾸어 사용했습니다. 그녀는 아마도, 복수를 위한 분노의 에너지는 자신 역시 불태워버릴 수 있다는 사실을 잘 알고 있었던 것 같습니다.

우리는 누구나 행복을 바랍니다. 사실은 늘 행복할 수만은 없기에 더욱더 행복에 집착하게 되는 것일 테죠. 그런데 너무 행복만을 추구하다 보니 다른 감정들은 모두 쓸모없다고 여기는 우를 범하곤 합니다. 분노와 같은 부정적인 감정도 가만히 들여다보면 우리에게 중요한 메시지를 담고 있는 감정임을 잊어버리는 것이죠.

미국의 아동 그림책 작가인 앤드루 클레먼츠Andrew Clements가 새로운 원고를 만들어 출판사를 찾아갔습니다. 그런데 찾아가는 출판사마다 출간을 거절했습니다. 클레먼츠는 그때마다 책의 진가를 몰라주는 출판사들을 탓하며 그들을 어리석다고 생각하기 바빴죠. 그러던 어느 날 갑자기 이런 의문이 들었습니다. '내가 왜 화를 내고 있지? 혹시 출판사가 아니라 내 생각이 틀린 거고, 어리석은 건 그들이 아니라 내가 아닐까?' 그제야 클레먼츠는 모든 출판사들이 공통적으로 했던 권유가 떠올랐고, 그들의 조언처럼 짧은 그림책을 소설책《프린들Frindle》로 만들 결심을 하게 됩니다. 이런 시도는 그를 1,000만 권 이상의 판매고를 기록한 유명 작가로 만들어주었죠. 결국, 분노의 감정을 타인을 대상으로 풀어내려고 하지 않고, 자신의 생각을 바꾸고 성장할 수 있는 에너지로 끌어들이자 인생의 엄청난 반전을 경험하게 된 것이죠.

설렘, 기쁨, 즐거움, 환희, 뿌듯함, 사랑처럼 긍정적인 감정뿐만 아니라 실망, 답답함, 창피함, 짜증, 분노와 같은 부정적인 감정들에도 소중한 메시지가 담겨 있습니다. 문제는 우리가 이런 감정들이 주는 귀한 메시지를 읽는 데에 그리 능숙하지 않다는 것입니다. 결국엔 부정적인 감정들은 불편해하거나 빨리 사라지기만을 바라고, 반대로 긍정적인 감정들에는 필요 이상으로 휩쓸려 에너지를 낭비하기도 합니다.

그러면 우리의 무의식이 보내는 귀중한 메시지를 제대로 읽으려면 어떻게 해야 할까요? 먼저 나 자신의 감정을 찬찬히 들여다봐야 합니다. 그러면 나도 모르던 숨겨진 이야기를 들을 수 있습니다. 내가 진짜 화가 난 이유를 알게 될 수도 있습니다. 물론 한 가지 이유만은 아니겠지만, 실망, 짜증, 화, 분노의 감정을 내는 가장 밑바닥을 들여다보면 거기에는 바로 내 스스로의 '기대치'가 숨어 있습니다. 예를 들어 내 기대치는 100인데 80 정도가 채워지면 실망을, 60 정도가 채워지면 짜증을, 50도 채워지지 못하면 화를, 그리고 그것이 옳지 않은 이유 때문이라고 생각하면 그때는 분노의 감정이 솟구치는 것입니다.

감정의 메시지를 확인한 후에는 어떻게 해야 할까요? 첫째, 나의 기대치가 과연 온당한 것인지 먼저 생각해보고, 아니라면 기대치를 낮추는 것이 옳다고 스스로를 설득해야 합니다. 둘째, 여러 번 살펴봐도 나의 기대치가 온당하다고 생각되면, 상대편에게 "나한테는 이러이러한 것이 정말 중요한 가치인데 이렇게 대접받아 기분이 나쁘다"라고 정확하게 밝혀야 합니다. 신기하게도 자신의 감정을 정확히 밝히는 것만으로도 화가 어느 정도는 풀리게 됩니다. 그리고 이런 과정을 경험하는 것만으로도 우리에게는 배움이 됩니다. 그저 아무것도 못 하고 화만 내던 자신이 아니라, 자신의 감정을 솔직히 표현하는 과정을 통해 보다 성장하는 나를 볼 수 있고, 이를 통해 자신감과 뿌듯함이라는 예상하지 못한 다른 감정을 경험하기 때문입니다.

엘리자베스 1세의 "분노는 무딘 자들을 재치 있게 만들어주지만, 가난 속에 가둬두기도 한다"라는 말도 같은 맥락에서 이해할 수 있습니다. 분노가 주는 메시지를 잘 읽고 그 에너지를 나를 위해 잘 바꾸어 쓰면 재치 있는 자가 되지만, 그저 화만 낸다면 아무것도 할 수 없는 궁핍한 상태를 벗어나기 힘들다는 뜻으로 말이죠.

우리는 보통 몸이 주는 메시지는 금방 알아차리고, 그에 대한 대처도 바로바로 합니다. 배고프면 허기를 채우고, 피곤하면 수면을 취하고, 아프면 병원에 가는 것처럼 말이죠. 하지만 마음이 보내는 메시지에는 굉장히 소홀합니다. 이제부터라도 다양한 감정이 주는 메시지를 읽고, 나의 행복한 성장을 위해 그 메시지에 대처하는 연습을 해야 합니다. 그러면 몸 근육처럼 감정 근육도 탄탄하게 자리 잡지 않을까 합니다.

KEY-POINT

❶ 분노와 같은 부정적인 감정도 행복만큼이나 나를 위해 중요한 메시지를 담고 있습니다.

❷ 분노의 출발점인 나의 기대치가 온당한지 먼저 살핀 후 상대에게 말하는 것이 나의 정신 건강에 좋습니다.

❸ 몸의 메시지만큼 마음이 보내는 메시지에도 주목을 하면 감정 근육이 탄탄해집니다.

축구, 펍, 문고판 소설을 사랑하다

영국 하면 여러분은 무엇이 떠오르나요? 저는 무엇보다 먼저 축구가 떠오릅니다. 수만 명의 관중이 마치 한 가족처럼 선수들의 플레이에 열광하는 모습을 보면, 저도 덩달아 열정이 샘솟는 느낌이죠. 야구에 빠져드는 미국인들과 달리, 영국인들에게 축구와 럭비는 단순한 스포츠가 아닌 핏속에 흐르는 영혼과도 같습니다. 그렇다면 영국인의 축구 DNA는 어떻게 생겨난 것일까요? 또한 영국은 축구뿐만 아니라 트렌치코트로도 유명한데요, 그 이유는 무엇일까요?

영국은 사계절 내내 많은 비가 내리고 여름에도 선선한 기후(서안해양성)를 가진 섬나라입니다. 일단 안개가 낄 기본 조건이 갖춰진 셈이죠. 게다가 프랑스와의 사이에 자리한 도버(영국)해협은 멕시코만류의 따뜻한 바닷물과 북극에서 내려온 차가운 바닷물이 만나는 지점입니다. 이는 추운 겨울에 바깥에 뜨거운 물을 뿌리면 엄청난 김이 올라오는 것과 똑같은 현상이 도버해협에서 발생한다는 뜻이죠. 자연스레 도버해협과 가까운 런던에는 1년 내내 하얀 우유 같은 짙은 안개가 낄 수밖에요. 트렌치코트 깃을 세우고 한 손에는 우산을 든 채 런던 거리를 걸어가는 영화 속 멋진 영국 신사는 바로 이 자욱한 안개가 만들어낸 작품이라 할 수 있습니다.

영국의 춥고 음습하고 일조량이 부족한 날씨는 당연히 사람들의 생활 습관에도 영향을 주었습니다. 화려한 컬러보다는 실용성을 중시해 회색이나 검은 빛깔의 옷을 흔히 입게 되었고, 대표적으로 비에 강한 트렌치코트(일명 바바리코트)를 만들어내게 되었죠. 이러한 실용성은 가난한 평민뿐만 아니라 왕과 귀족들의 생활에도 스며들었는데요, 영국은 프랑스처럼 화려한 의복 문화나 음식 문화를 발달시키지 못했습니다. 예를 들어, 잦은 전투에 대비해야 하는 기사들은 비와 습기에 툭하면 녹이 스는 갑옷을 걱정하기 바빴죠. 이런 거친 환경에서 살아가야 했던 탓에 영국인은 억척스럽게 변할 수밖에 없었습니다.

영국에 인간이 거주하기 시작한 때는 유럽과 영국이 서로 붙어 있던 기원전 약 1만 년 전부터입니다. 이후 지구의 기온이 올라가면서 해수면이 상승해 영국해협이 생겨났죠. 유럽에서 가장 먼저 이주해 온 이들은 켈트인이었습니다. 그리고 기원후 43년부터 400년 동안 영국은 로마제국의 지배를 받게 되는데요, 로마가 쇠퇴하면서 유럽 여러 지역에서 다양한 민족들이 유입돼 제각기 왕국(앵글족, 색슨족, 주트족, 프리지아족)을 건설합니다. 9세기부터는 노르웨이와 덴마크 바이킹들의 침공으로 웨섹스를 제외한 영국 전역이 바이킹의 지배에 들어가게 되고요. 이처럼 언뜻 보아도 기원후 1,000년 동안 외세의 침입이 끊이지 않았던 탓에 영국에는 강력한 왕권이 들어서거나 유지되기 쉽지 않았습니다. 언제든 외세의 침입에 노출되어 있는 불안한 상황이니, 평민을 포함해서 귀족과 기사 모두 화려함을 추구할 여건이 되지 않았던 것입니다.

이런 상황을 겪으면서 사람들은 힘을 한데 모아야 고난을 이겨낼

수 있다는 협동심의 중요성을 일찌감치 깨달을 수밖에 없었죠. 이런 협동의 모습이 바로 개인기를 중요시하는 야구보다는 축구와 많이 닮아 있습니다. 1215년, 유럽 본토보다 빨리 절대왕권을 견제하는 대헌장 〈마그나카르타Magna Carta〉가 선포된 것도 이런 영국만의 상황이 반영된 것이라 할 수 있습니다.

첫 경기가 12세기까지 거슬러 올라가며, 오늘날 무려 4만여 클럽이 운영되고 있는 영국의 축구! 평평한 땅이 있고 돼지 오줌보에 바람만 불어 넣으면 되는, 공 하나로 즐길 수 있는 축구와 럭비가 영국인들의 생활 속에 스며든 것은 어쩌 보면 당연한 일입니다. 특히 18세기 산업혁명을 거치며 도시로 모여든 수많은 노동자들이 자투리 시간을 쉽게 즐기기에 축구와 럭비는 안성맞춤이었겠죠. 과거 제후들 간의 전투처럼 편을 나눠 진행되는 경기 방식 역시 아드레날린을 자극할 수밖에 없었을 겁니다.

또한 축구 문화의 발전은 선술집 펍Pub의 발전에도 큰 영향을 끼쳤는데요, 경기장에 직접 가지 못한 사람들이 모여 마치 제례 의식처럼 경기를 관람하거나, 경기가 끝난 뒤 값싸고 양 많은 맥주를 마시며 하루의 고된 노동과 시름을 잊고 웃고 떠들 수 있는 선술집의 발전은 자연스러운 현상이라 할 수 있습니다.

사실 축구에 광분하는 문화는 영국뿐만 아니라 유럽 전체에 넓게 퍼져 있는데요, 이는 수많은 전쟁을 통해 이루어진 역사를 공유하고 있기 때문이 아닐까 합니다. 이에 비해 독립전쟁과 남북전쟁의 경험이 전부인, 그리고 개인 지향적인 문화가 강한 미국은 협동심이 많이 요구되는 축구보다는 개인의 능력이 돋보이는 야구에 무한 매력을 느끼는 것일 테죠. 물론 쉬는 시간이 많은 야구 경기가 전반과 후반 두 번만 쉬는 축구에 비해서 광고 후원을 훨씬 더 붙이기 쉽다는 상업적인 이유도 분명 있을 겁니다.

더불어 축구 경기가 없는 추운 날씨에 집에서 따스한 홍차를 마시며 책에 빠져 상상의 나래를 펼치는 것도 영국인들의 즐거움 중 하나인데요, 세계에서 문고판 소설을 가장 많이 읽는 이런 문화적 환경에 더해서, 무언가가 숨겨져 있을 듯 신비로운 분위기를 자아내는 자욱한 안개가 코넌 도일의《셜록 홈스》시리즈와 같은 탐정소설의 토대가 된 것은 아닐까 합니다. 애거사 크리스티의 추리소설과 J. K. 롤링의《해리포터》시리즈 같은 판타지소설도 마찬가지일 테고요.

마지막으로, 영국의 국기 변천사를 보면 영국의 역사를 한눈에 살필 수 있습니다. 1606년 잉글랜드가 스코틀랜드를 합병하면서 그

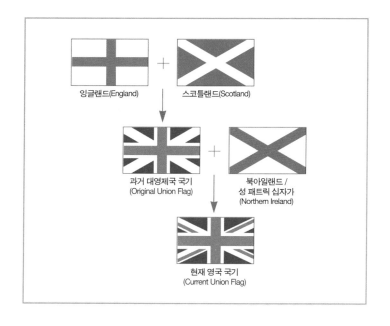

잉글랜드(England)

스코틀랜드(Scotland)

과거 대영제국 국기
(Original Union Flag)

북아일랜드 /
성 패트릭 십자가
(Northern Ireland)

현재 영국 국기
(Current Union Flag)

레이트브리튼^{Great Britain, GB}이 되는데요, 이 GB는 영국의 본섬인 잉글랜드 + 스코틀랜드 + 웨일스(웨일스는 14세기에 이미 영국에 합병)를 뜻하는 단어입니다. 지금도 영국의 자동차 번호판에 약자 GB가 쓰여 있는 것을 볼 수 있죠. 여기에 1801년 북아일랜드를 합병시키며 만들어진 것이 지금의 대영제국^{United Kingdom, UK}의 국기입니다. 그리고 이 UK가 현재 영국이 사용하고 있는 인터넷 국가 주소입니다.

❶   개인기가 강조되는 야구는 미국적 특성을, 협동심이 강조되는 축구는 영국의 역사와 문화를 그대로 담고 있습니다.

❷   영국과 영국 사람들의 단면을 한 번에 느끼고 싶다면 펍에 가보세요.

❸   《해리포터》와 《셜록 홈스》 시리즈는 독서에 빠져들게 하는 영국 기후와 홍차 문화와 관련이 깊습니다.

· 어록의 발견 ·

엘리자베스 1세의 명언을 영어로 표현해볼까요?

분노는 무딘 자들을 재치 있게 만들어주지만, 가난 속에 가둬두기도 한다.

Anger makes dull men witty, but it keeps them poor.

전 세계를 속이고 싶다면, 진실을 말하면 된다.

비스마르크(독일)

진실을
말하면 된다

이근철의 고품격 걸처 수다
교양의 발견

누구나 어린 시절 위인전을 읽으며 훌륭한 사람이 되겠다고 다짐한 기억이 한 번쯤은 있을 겁니다. 그중에서 1871년 독일을 통일한 비스마르크^{Otto von Bismarck}(1815~1898년)처럼 세상의 시선 따위 아랑곳하지 않고 자신의 목표를 향해 전력투구한 위인들을 보며 꿈을 키운 이들도 있을 테고요. 그런데 비스마르크는 자신이 한 말대로 과연 살면서 거짓말을 한 적이 한 번도 없었을까요? 그리고 왜 그는 '철혈재상^{Iron Chancellor}(영어로는 '철의 재상')'이라는 카리스마 철철 넘쳐흐르는 별명으로 지금까지도 회자되고 있을까요?

독일은 현재 16개 주로 이루어진 통일 국가입니다. 그러나 지역마다 무척 다른 문화와 헌법, 언어가 존재하죠. 공통어^{High German}가 있지만, 남서부의 슈바벤^{Swabian} 지역에서 사용하는 독일어는 다른 지역민들이 40퍼센트 정도밖에 이해하지 못할 정도로 다릅니다. 이처럼 지역마다 다양한 문화를 지닌 독일은 10세기 이후에는 로마 교황을 위해 전쟁도 불사했던 이유로 신성로마제국이라 불렸습니다. 그러나 당시에도 300여 개의 독립된 자치령이 있었고, 1871년 통일이 되기 전까지 크게 나누면 39개, 자세히 나누면 60개가 넘는 독자적인 주를 각각의 제후들이 다스렸습니다. 한마디로 배 한 척에 사공이 수백 명이 있었던 상황이었죠.

이런 상황은 독일연방에 많은 문제를 안겨줄 수밖에 없었습니다. 경제적으로 보면, 각 지역마다 부과하는 관세로 남부에서 생산된 물건이 북부까지 가는 동안 원가의 수십 배가 되기도 했습니다. 당연히 활발한 교역에 지장을 줄 수밖에요. 이에 경제학자 프리드리히 리스트Friedrich List(1789~1846년)는 각 제후국 사이의 관세를 철폐하고 외국에서 수입된 물건에 대한 관세는 높여야 한다고 주장했지만 오히려 나중에는 미국으로 망명을 떠나기까지 합니다.

이와 같은 비효율적인 연방을 통일해야 독일이 발전할 수 있다며 강력한 카리스마로 전쟁을 추진한 인물이 바로 비스마르크였습니다. 그가 1862년 프로이센 총리로서 "연설과 다수결이 아닌, 철과 피로써의 통일The great questions of the day will not be settled by means of speeches and majority decisions but by iron and blood"을 주장했던 것도 이런 맥락에서 보면 이해가 됩니다.

비스마르크는 끊임없는 현실(실리) 정치^{Realpolitik}로 통일을 향한 행보를 시작했습니다. 먼저 그는 오스트리아와 함께 덴마크를 공격해 독일어를 사용하던 두 지역(슐레스비히^{Schleswig}, 홀슈타인^{Holstein})을 복속시킵니다. 그러고는 베네치아^{Venice}를 넘겨주는 조건으로 이탈리아를 아군으로 끌어들인 뒤 거꾸로 오스트리아와 전쟁을 벌여 홀슈타인 지역뿐만 아니라 독일 북부의 대부분을 프로이센에 합병시키죠. 당시 비스마르크의 프로이센은 전쟁에서 진 오스트리아를 합병할 수도 있었습니다. 그러나 독일 전체의 통일을 원하지 않는 다른 나라들과의 전략적 관계를 고려해 오스트리아에게서 필요한 것만을 받아냈죠.

비스마르크의 노력으로 독일연방은 어느 나라도 무시할 수 없는 강력한 힘을 쌓기 시작했습니다. 그러나 통일은 쉽지 않았습니다. 프랑스를 비롯한 타국과의 외교적 문제도 컸지만, 독일 통일에 소극적인 남부 제후국들도 문제였습니다. 남부의 제후국들은 지리적으로 가까운 오스트리아와 역사적으로 깊은 유대 관계를 맺고 있었고, 무엇보다 북부의 프로이센이 주도해 통일을 이루는 것에 대한 우려가 컸기 때문이죠.

이에 비스마르크는 일부러 프랑스 대사와 프로이센 황제의 회담 내용을 필요한 부분만 교묘하게 언론에 노출시킴으로써 독일의 모든 연방국들이 프랑스에 대항해 함께 뭉치는 효과를 만들어냅니다. 외부의 적을 만들어냄으로써 내부를 통일시킨 것이죠. 이렇게 보면 "전 세계를 속이고 싶다면, 진실을 말하면 된다"라고 한 비스마르크 본인의 말과 완전히 상반됩니다. 그런데 이 말에 단어를 하나 더 첨가하면 그 참뜻이 이해가 됩니다. "전 세계를 속이고 싶다면, '자신에게' 진실을 말하면 된다."

비스마르크는 부유한 지주의 아들로 태어나 풍요로운 어린 시절을 보냈습니다. 그리고 베를린에 위치한 최고의 명문 대학(노벨상 수상자를 29명 배출한 지금의 베를린훔볼트대학교)을 졸업하며 변호사로 사회에 첫발을 내디딘 뒤에는 국회의원, 러시아와 프랑스 대사를 거쳐 프로이센의 총리로 독일 통일을 이루는 멋진 삶을 살았습니다.

저는 비스마르크의 성공에는 스스로에 대한 솔직함이 자리하고 있다고 생각합니다. 그는 대학 시절 전공 수업인 법학을 듣는 대신 영국 시인 바이런Byron과 역사소설가 월터 스콧Walter Scott의 작품을 탐독했고, 경제, 역사, 철학에 푹 빠져 살았습니다. 하고 싶은 공부가 있다면 앞뒤 재지 않고 달려들었습니다. 주위 시선을 신경 쓰며 예의 바른 척하기보다는 말술을 즐기며 본인의 생각을 거침없이 이야기했죠. 무엇보다 스스로의 명예를 중시하며, 본인의 호불호를 전혀 숨기지 않고 하고 싶은 것은 바로 행동에 옮겼습니다. 당연히 이런 성격 탓에 불리한 일을 겪은 적도 많았습니다. 그러나 그는 개의치 않고 다음 계획을 세워 최선을 다했죠. 일례로 그는 변호사가 된 뒤 외교 공무원을 꿈꾸었지만, 프로이센 출신의 외교 공무원을 원치 않던 독일연방을 뒤로하고 미련 없이 고향으로 돌아갔습니다. 누군가는 꿈을 잃었다고 생각하며 실의에 젖을 법한 일이었죠. 그러나 그는 어머님이 돌아가시자 농장 경영을 위해 농업을 전공하는 등 철저한 실용주의를 추구하며 현실에 최선을 다했습니다. 이렇게 본인의 성격과 성향을 숨김없이 솔직하게 드러내고 스스로에게 진실하려 노력한 결과, 자신이 진정으로 바라는 꿈과 목표를 이룰 수 있었다고 생각합니다.

사람마다 다르겠지만 우리는 보통 성공하기 위한 규칙에 자신을 맞추는 경우가 많습니다. 하지만 성공의 궁극적인 목적이 나의 행복이라면, 자신의 생각, 성격, 행동에 진실성을 담아야 행복하지 않을까요? 만일 다른 사람에 나를 무조건 맞추기만 한다면 오히려 불행해질 테니 말이죠.

설득도 마찬가지입니다. 설득의 유무가 중요해 상대편 입장에 맞추려고만 한다면, 설득에 성공해도 나를 불행하게 할 뿐입니다. 결국 "전 세계를 속이고 싶다면, 진실을 말하면 된다"라는 비스마르크의 말은 전 세계를 속일 수 있는 방법은 거짓으로 꾸미거나 상대편에 맞춘 말이 아니라 있는 그대로를 드러내는 진실뿐이라는 말이 됩니다. 또한 상대편을 설득하기 전에 설득할 내용이 진실인지 스스로에게 먼저 물어보고 확인하고 또 확신이 서야만 한다는 뜻도 됩니다.

설득을 통한 찬성이라는 결과만을 내기 위해 거짓을 사실처럼, 또 나를 내가 아닌 사람으로 포장할수록 상대편은 나를 신뢰하지도 않을뿐더러 설득당하지도 않게 됩니다. 무엇보다 상대편을 설득하는 이유는 행복하기 위해서인데요, 내가 생각하기에도 거짓인 것으로 설득한다면 어떻겠어요? 결국에는 나 자신은 남아 있지 않게 됩니다. 거짓말은 거짓말을 낳고, 결국에는 나는 없어지고 맙니다. 내가 없는데, 내 자신이 존재하지 않는데, 가짜의 나만 존재하는데, 상대편을 설득해서 뭐합니까? 결국 중요한 것은 스스로에 대한 믿음과 진실, 그리고 그로써 생기는 행복입니다.

이를 너무나도 잘 알고 있었기에 비스마르크는 호탕한 젊은 시절, 아내와 함께했던 경건주의Pietism의 중년 시절, 그리고 독일 통일과 함께 밖으로는 유럽의 균형을 유지하려 노력하고, 안으로는 국민을 위한 교육과 복지 정책에 힘썼던 장·노년 시절까지 늘 스스로에게 진실하려 최선을 다했던 것은 아닐까 합니다.

KEY-POINT

❶ 스스로의 생각, 성격, 행동에 진실성을 담아야 행복하고 자신감이 생깁니다.

❷ 남을 100퍼센트 속이는 가장 좋은 방법은 진실을 말해서 설득하는 것입니다.

맥주와 소시지로 즐기는 역사의 맛

한국 하면 김치와 비빔밥, 일본 하면 스시와 회, 중국 하면 국수와 만두처럼 그 나라를 대표하는 음식이 있습니다. 그럼 독일 하면 어떤 음식이 떠오르나요? 대부분 맥주와 소시지를 떠올릴 겁니다. 실제로 현재 독일에는 1,300개가 넘는 양조장이 있고, 출시된 맥주 브랜드만 5,000개가 넘는다고 합니다. 1인당 맥주 소비량도 세계 3위권을 기록할 정도조.

그러면 독일은 어떻게 맥주의 천국이 되었을까요? 무엇보다 깨끗한 물을 얻기 힘든 석회 지형과 부족한 상하수도 시설 탓일 텐데요, 음용수를 확보하기 어려웠던 이런 환경 때문에 술보다는 일상적인 음료로 맥주가 발전한 것이죠. 그런데 맥주와 소시지의 발전 과정을 들여다보면, 그 안에 독일의 역사가 살아 숨 쉬고 있다는 것을 알게 됩니다.

독일은 낮은 평원을 이루는 북부와 알프스산맥으로 이어지는 남부의 지리적 특성을 가지고 있습니다. 경작 가능한 땅은 국토의 30퍼센트에 불과하죠. 게다가 중북부는 유럽에서 토네이도가 가장 많이 발생하는 지역이라 경작에 무척 불리한 조건입니다. 자연스레 거친 환경에서도 잘 자라는 밀이나 호밀, 홉hop 같은 작물을 주로 키울 수밖에 없었죠. 실제로 독일은 호밀과 홉의 세계 최대 생산국입니다. 게다가 독일은 유럽 서쪽의 중심부에 있기 때문에 오랜 기간 동안 다양한 세력의 각축장이 되어왔습니다. 작물을 재배할 수 없는 기간과 전쟁 기간 동안 맥주가 유용한 식량 자원의 역할도 톡톡히 수행했다는 뜻이죠.

같은 맥락에서 사육 기간이 6개월 정도로 짧으면서도 높은 열량을 내주는 돼지를 키우는 게 소나 다른 동물들을 키우는 것보다 훨씬 더 실용적이었을 테고요. 독일에서 돼지고기와 관련된 요리가 다양하게 개발되고, 특히 저장성이 좋은 소시지가 각 지역마다 특색

있게 자리를 잡은 것도 이런 이유 때문입니다.

알다시피 어떤 식자재든 소금에 절이면 발효가 되면서 저장성이 높아져 오랜 기간 먹을 수 있습니다. 이렇게 고기를 소금에 절인 식품이 바로 햄, 베이컨, 소시지이죠. 그런데 흥미롭게도 '소시지sausage'라는 단어에는 이미 소금에 절였다는 뜻이 포함되어 있습니다. 라틴어 살수스salsus(소금에 절인)의 어근 sal이 바로 salt(소금)인 것이죠. 채소에 소금을 뿌려 먹는다는 뜻의 샐러드salad와 짠맛을 내는 소스sauce 역시 여기에서 파생된 단어입니다. 로마 시대에 화폐만큼 귀했던 소금을 군인들에게 정기적으로 지급하면서 생겨난 '급여'라는 뜻의 샐러리salary도 마찬가지입니다.

소시지는 역사가 오래된 육류 저장법으로, 소시지의 시초인 염장된 고기는 농사를 짓지 않는 유목민에게는 주된 식량이자 농민들과 곡물을 교환하는 수단이었습니다. 그러다가 중세(5~15세기)의 농장에서 고단한 노역에 시달리면서도 식량을 충분히 확보할 수 없던 농노들과 서민들이 굶주린 배를 채우기 위한 방법으로 오늘날의 소시지가 만들어졌죠. 영주나 부유층은 먹지 않는 동물의 특수 부위(귀, 혀, 코, 허파, 염통)를 갈아 창자에 넣어 잘 말리거나 훈제를 해서 겨울을 나기 시작한 것입니다. 농노로 대표되는 봉건제도

가 서프랑크(지금의 프랑스)와 동프랑크(지금의 독일과 오스트리아)에서 시작된 것도 주목할 필요가 있습니다. 프랑스를 포함한 서유럽의 봉건제도는 1500년 무렵이 되면 거의 다 폐지되지만 동유럽, 특히 수백 년 동안 수백 개의 제후국으로 나뉘어 있던 독일은 1850년대 까지도 일부분 남아 있었습니다. 바로 이런 이유 때문에 다른 나라 들보다 독일에서 소시지 문화가 발달한 것이 아닐까 추정해볼 수 있는 것입니다.

맥주는 4,000여 년 전 메소포타미아 지역에서 보리빵을 빻아 물에 섞은 뒤 발효시켜 마시던 것이 시초라고 할 수 있습니다. 이후 크 리스트교와 함께 유럽으로 유입되었는데요, 실제로 6세기 이후 독 일의 수도원과 교회에서는 맥주를 "물로 된 빵"이라고 부르며 다양 한 종류의 맥주를 계속 발전시켰죠. 무엇보다 독일의 맥주가 유명 해진 것은 루터의 종교개혁 바로 전해인 1516년 바이에른공국의 빌헬름 4세가 선포한 '맥주 순수령' 때문이라고 할 수 있습니다. 맥주 순수령은 말 그대로 맥주의 원료를 보리와 홉, 효모, 물만으 로 제한한 법령인데요, 규제가 풀린 이후 오늘날까지 500년도 넘 게 지켜오고 있는 것을 보면 독일인들의 맥주에 대한 사랑과 자부 심이 어느 정도인지 알 수 있습니다.

현재 전 세계 맥주의 70퍼센트를 차지하는 라거 lager ('저장'이라는 뜻) 맥주 역시 체코와 근접한 독일의 동남부 바바리안 Bavarian 지역에서 처음으로 효모를 가라앉혀(하면 방식) 저온 숙성하는 방법을 사용하면서 개발된 맥주입니다. 바바리안 지역의 중심 도시인 뮌헨에서 해마다 9월 중순부터 10월 초까지 600만 명이 넘는 방문객이 찾는 세계 최대의 맥주 축제 옥토버페스트 Oktoberfest가 열리는 것도 이런 이유 때문이죠. 참고로 독일과 이웃한 체코는 1인당 맥주 소비량이 세계 1위를 자랑하는 나라입니다.

중세에는 300여 개의 제후 국가가, 19세기에는 64개, 현재는 16개의 주와 자치도시가 독자적인 헌법과 역사와 문화를 간직하며 서로를 인정하는 나라! 또한 이탈리아나 프랑스의 풍요로움을 담은 화려하고 열정적인 문화와는 대비되는, 생존을 위한 실용성과 검소함의 문화가 발달한 나라, 독일! 독일의 이런 전통이 300여 종의 다양한 빵과 50여 가지의 소시지, 그리고 5,000개가 넘는 맥주 브랜드라는 음식 문화를 만들어낸 것은 아닐까 싶습니다.

❶ 음식을 잘 들여다보면 그 나라의 역사와 문화가 드러납니다.

❷ 맥주와 소시지는 독일 각 지역의 특이성이 잘 반영된 음식 문화
입니다.

· 어록의 발견 ·

비스마르크의 명언을 영어로 표현해볼까요?

전 세계를 속이고 싶다면, 진실을 말하면 된다.

When you want to fool the world, tell the truth.

스스로를 다스릴 수 있는 자를 이길 방법은 거의 없다.

루이 14세(프랑스)

나 자신을
다스리고 싶다면

이근철의 고품격 컬처 수다
교양의 발견

미국의 경제지 〈포천Fortune〉이 해마다 발표하는 흥미로운 통계가 있습니다. 지난해의 회계연도 매출액을 기준으로 '글로벌 500대 기업'을 선정하는 것입니다. 리스트를 보면 순위가 요동을 칩니다. 매해 리스트에 새로 오르거나 반대로 사라지는 기업들이 속출을 합니다. 한마디로 글로벌 기업의 흥망성쇠가 한눈에 보이는 것이죠.

그런데 몇 년 전 〈포천〉에서 글로벌 기업의 최고경영자들을 대상으로 흥미로운 설문을 한 적이 있습니다. 지금 겪고 있는 가장 큰 두려움이 무엇인지 물은 것이죠. 다양한 대답들이 쏟아져 나왔는데요, 그중에서 가장 많은 대답은 무엇이었을까요?

"내일 회사가 망할까 두렵다."

엄청난 성공을 거둔 이들이 회사가 망할까 봐 전전긍긍하고 있다니 놀랍지 않습니까? 그것도 몇 년 후가 아니라 '내일' 망할 걱정을 하고 있으니 말입니다. 엄살이 너무 심한 듯 보이지만, 그만큼 수많은 기업들이 살얼음판 같은 치열한 경쟁을 하고 있다는 뜻이겠죠. 실제로 우리는 경영자의 잘못된 판단과 실수로 하루아침에 몰락하는 기업들을 심심찮게 보게 됩니다. 이처럼 큰 성공을 거둔 이들도 매 순간 실수를 두려워합니다. 어쩌면 많은 것을 가졌기에 더 두려워하는지도 모르겠습니다. 가진 것이 많다는 것은 잃을 것도 많다는 뜻이니까요.

그런 점에서 17세기 "짐이 곧 국가다 I'm the state!"라는 말처럼 재상 제도를 폐지하고 절대 권력을 틀어쥐어 프랑스를 전성기로 이끈 루이 14세 King Louis XIV (1638~1715년)의 명언을 눈여겨볼 필요가 있습니다. 우리는 보통 외부에서 벌어진 힘든 상황이나 사건 때문에 두려워하고, 고민하고, 힘들어합니다. 그래서 역경을 딛고 좋은 결과를 낸 이들을 보면 부러워하고 감동하게 되죠. 하지만 정작 그들이 딛고 일어선 것은 외적 역경이 아닌, 역경에 흔들리는 자기 자신이 아니었을까요? 가장 힘든 것은 '자기 자신을 다스리는 것'이기 때문입니다. 결론적으로 자기 자신을 다스릴 수 있는 사람이 외적 환경, 나아가 다른 사람도 다스릴 수 있는 것입니다.

그러면 루이 14세는 스스로를 정복하고 잘 다스린 인물이었을까요? 아버지 루이 13세의 죽음으로 1643년 왕위에 오른 루이 14세의 나이는 고작 네 살이었습니다. 당연히 어머니 앤^{Anne} 왕비와 재상 마자랭^{Mazarin}이 섭정을 할 수밖에 없었는데요, 이 기간 동안 왕궁 재정은 극도로 궁핍해지고 지방 귀족의 반란은 끊이지를 않았죠. 그래서 1661년 마자랭이 죽고 섭정이 끝나자 루이 14세는 곧장 재상 제도를 폐지하고 왕권 강화에 나섭니다. 일부러 파리가 아닌 베르사유^{Versailles} 궁전에서 국정을 처리하고 툭하면 귀족들을 모아 화려한 연회를 열었는데요, 이 역시 왕권이 튼튼하다는 사실을 인식시키기 위한 고육지책이었던 것입니다. 그가 또 그 어떤 왕보다 많은 초상화를 그리게 하여 통치자가 누구인지 확인시키고, 문화 융성 정책을 펼치고, 때로는 전쟁까지도 불사했던 것도 이와 같은 이유 때문이었죠. 이처럼 무려 72년이라는 기간 동안 프랑스를 유럽 최강국으로 이끌었던 루이 14세의 삶을 생각해보면, 그는 스스로를 정복한 엄청난 왕으로 보입니다.

하지만 실제로 그는 재위 내내 귀족들의 반란에 목숨을 잃을지 모른다는 불안감에 시달렸다고 합니다. 그래서 역설적으로 더 더욱 왕권을 강화하려고 애썼던 것일 테죠. 즉, 루이 14세는 마음을 100퍼센트 통제한다는 것이 불가능함을 너무나도 잘 알고 있었기에 "스스로를 다스릴 수 있는 자를 이길 방법은 거의 없다"라는 말을 남겼는지도 모르겠습니다.

그러면 마음을 다스릴 수 있는 방법은 전혀 없을까요? '다스리다, 정복하다'라는 뜻의 영어 단어는 conquer입니다. 그런데 이 단어를 자세히 들여다보면 작은 깨달음을 얻게 됩니다. conquer(정복하다)＝con(함께)＋quer(to ask: 묻다), 다시 말해 내가 내 마음과 서로 끊임없이 물어야만 스스로를 다스리고 정복할 수 있다는 뜻으로 해석할 수 있기 때문이죠. 마음을 억누르고 통제하는 대상으로만 바라보면 오히려 다스리기가 힘들지만, 반대로 차근차근 물어보고 확인하는 대상으로 여기면 흔들림 없이 탄탄하게 마음을 잘 다스릴 수 있다는 뜻이 아닐까 합니다.

우리는 보통 하나부터 열까지 마음을 통제하려 노력합니다. 하지만 오히려 마음을 놓을 수 있을 때, 진정으로 스스로와 대화를 할 수 있지 않을까요? 이때의 대화란 '다스림'의 또 다른 말일 테고요. 나아가 자신뿐만 아니라 다른 사람과의 관계도 이와 비슷할 겁니다. 나와 아무리 잘 맞는 사람이라도 한두 가지는 적잖이 나와 다를 수밖에 없습니다. 그런데 그 사람의 모든 것을 내게 맞추려고 욕심을 내면 결국 관계는 파탄이 나고 맙니다. 결국 문제는 다른 것을 용인하지 못하는 우리 자신이란 것을 알게 됩니다. 상대편을 다스리지 못하는 것이 아니라, 사실은 나 자신을 다스리지 못하는 것이죠. 서로 다른 점을 용납하고 인정하는 용인성容認性 acceptability이 중요하다는 뜻입니다.

그렇다면 어떻게 해야 나와 다른 것을 인정하는, 그럼으로써 스스로를 다스릴 줄 알게 될까요? 저는 이것이 다양한 경험을 쌓는 데서부터 시작된다고 생각합니다. 다양한 경험이 우리의 시야와 생각을, 나아가 용인성을 넓혀줍니다. 결국 자신을 잘 다스리고 싶다면, 먼저 스스로를 놓아줄 수 있어야 합니다. 그리고 놓아주려면 내 손에 들린 것들이 많아야 합니다. 하나밖에 손에 쥐고 있지 않다면 어떻게 흔쾌히 놓을 수 있겠습니까? 많은 경험을 통한 열린 마음을 갖는 게 중요한 이유가 이 때문입니다. 지금 이 순간 나는 어떤 경험으로 마음의 시야를 넓히고 있는지 생각해볼 때입니다.

KEY-POINT

❶ 마음은 억누르고 통제할 대상이 아니라, 차근차근 물어보고 확인할 대상입니다.

❷ 다양한 경험이 시야와 마음을 넓히고, 타인을 존중하는 용인성을 높입니다.

낭만, 문화, 자유의 나라

프랑스 하면 자연스럽게 떠오르는 것들이 있습니다. 낭만의 도시 파리, 에펠탑, 루브르박물관, 인상파의 그림과 화려한 베르사유궁전, 와인과 치즈, 바게트와 푸아그라, 달팽이 요리 같은 특이한 음식들, 그리고 화려한 패션쇼와 예술영화…. 그야말로 바로 옆 나라인 독일에 비하면 극적인 대비가 될 만큼 문화적 다양성과 풍요로움을 자랑하는데요, 프랑스는 어떻게 이런 문화를 가질 수 있었을까요?

유럽의 서쪽 중심에 위치한 프랑스, 동쪽의 중심인 독일, 그리고 남부의 중심인 이탈리아 북부는 본래 8~9세기에 '프랑크^{Frank} 왕국' 이라는 이름의 한 나라였습니다. 이 통일 왕국을 만들었던 샤를마뉴^{Charlemagne} 대제가 자식들 세 명에게 땅을 똑같이 나눠 주면서 서쪽 지역이 프랑스가 된 것인데요, 토네이도가 많이 발생하는 북부 평원에서 남부 알프스산맥으로 이어지는 척박한 땅의 독일과 달리, 유럽에서 러시아 다음으로 가장 넓은 영토를 가진 프랑스는 드넓은 평지가 많고, 센강과 론강 등 여섯 개의 강이 흐르면서 만든 기름진 토양으로 곡물의 생산성이 높기로 유명합니다. 이처럼 넓고 기름진 토지를 가지고 있다 보니 자연스레 가축 사육이 활발해지고 다양한 요리도 발달하기 좋은 환경이 조성된 것이죠.

무엇보다 프랑스의 음식 문화에 풍성함을 더하고 화려한 패션이 절정을 이루도록 기름을 부은 사람이 바로 절대 권력을 휘둘렀던 태양왕 루이 14세라고 할 수 있습니다. 그는 파리 근교에 8킬로미터에 달하는 시원하게 뻗은 운하와 분수, 정원과 숲으로 조성된 베르사유궁전을 건설하고는 그곳에서 국가의 정사를 보았습니다. 또 수많은 파티를 열어 귀족들이 서로의 패션을 통해 자신에게 환심을 사도록 경쟁을 부추겼습니다. 루이 14세는 다른 나라의 요리법들에도 호기심이 높아 이를 계속 궁정에 들였는데요, 이탈리아

의 아이스크림 기술을 들여와 한여름 파티 참석자들이 탄성을 자아내게도 했습니다. 연회장 중앙에 아이스크림으로 커다란 피라미드를 만들고는 그 당시 구하기 힘들었던 파인애플에 비싼 향신료까지 함께 곁들인 디저트로 귀족들과 손님들을 매료시켰던 것입니다.

물론 새로움에 대한 끊임없는 욕구는 비단 왕의 전유물만은 아니었습니다. 한 가지 예를 들자면 프랑스 국민들이 즐기는 치즈의 종류만 현재 1,200가지나 된다고 합니다. 와인의 종류 또한 엄청난데요, 세계 최초의 발포성 와인인 샴페인이 샹파뉴^{Champagne} 지방에서 만들어진 것도 우연은 아닐 겁니다. 프랑스에서는 맥도날드 같

은 패스트푸드 음식점에서도 맥주와 치즈를 파는데요. 이곳에서 판매하는 치즈에 'Royale with Cheese('1/4파운드'라는 뜻)'라는 이름까지 붙이는 것을 보면 프랑스인의 섬세함이 어느 정도인지를 짐작할 수 있습니다. 또한 프랑스 음식에는 달팽이, 거위 간, 꿩, 토끼, 말, 개구리처럼 다른 나라에서는 흔하지 않은 재료들이 즐겨 사용되지요. 1년에 소비되는 달팽이가 무려 5억 마리나 된다고 합니다. 또 날마다 새로운 요리책이 두 권씩 발간된다고 하니 프랑스인들의 지칠 줄 모르는 음식에 대한 호기심과 사랑을 짐작할 수 있습니다.

이런 프랑스인의 지적 호기심과 다양성에 대한 욕구는 요리만이 아니라 각 분야에까지 널리 퍼져 이전에 볼 수 없던 새롭고 놀라운 결과물들을 무수히 만들어냈습니다. 무려 4,215페이지(960만 단어)에 달하는 마르셀 프루스트^{Marcel Proust}의 《잃어버린 시간을 찾아서》가 기네스북에 세계 최長장편소설로 등재되어 있고, 딱 20년 동안 설치한 후 철거해 고철로 팔려고 했던 흉물스런(?) 에펠탑을 세계 최고의 관광 상품으로 탈바꿈시키기도 했죠. 그 밖에도 파리 시내 지하에 600만 명이 넘는 수의 해골 무덤^{Catacomb}을 조성하고, 죽은 사람과도 합법적으로 결혼을 할 수 있는 제도를 도입하고, 제1차 세

이근철의 고품격 컬처 수다
교양의 발견

계대전 때는 '위장Camouflage'이라는 단어를 만들어낼 만큼 군복을 눈에 띄게 만드는 등 프랑스의 역사를 살펴보면 다양성에 대한 예는 수도 없이 많습니다. 그리고 이런 음식, 패션, 문학, 음악, 그림, 건축 등에 걸친 끊임없는 호기심이 이뤄낸 문화유산을 보기 위해 전 세계의 관광객들은 오늘도 프랑스로 몰려들고 있습니다. 실제로 프랑스는 세계 최대의 관광객 수를 자랑하는데요, 6,700만 명의 국민 수를 훌쩍 넘는 8,000만 명의 관광객이 해마다 프랑스를 찾는다니 부러울 뿐입니다.

그런데 이런 새로운 것에 대한 호기심을 다른 말로 바꾸면 '생각과 행동의 자유'라고 할 수 있지 않을까요?

가혹한 세금과 노역의 멍에를 지고 살아가던 프랑스 시민들이 자유를 추구할 수 있게 된 사건이 바로 1789년의 '프랑스 혁명'이었습니다. 절대왕권에 반대해 왕(루이 16세)과 왕비(마리 앙투아네트)를 단두대에서 참수시킨 프랑스 혁명은 1,000년 전 '프랑크왕국'이라는 이름의 어원(Frank=free)처럼 모든 국민이 자유의지를 가지고 호기심을 다양하게 추구하고 사랑할, 그래서 문화를 풍성하게 만들 수 있는 평등한 기회를 확립하는 계기가 되었습니다. 프랑스 혁명의 정신인 '자유, 평등, 박애'와도 일치하는 것이죠. 참고로, 노벨상 수상자를 비교하면 미국이 371명으로 프랑스의 68명을 압도하지만, 노벨 문학상 수상자는 16명으로 프랑스가 세계 최대입니다. 이 역시 프랑스 문화의 풍성함과 연관되어 있지 않을까 생각해봅니다.

프랑스에는 또 다른 중요한 특징이 있는데요, 유럽의 중심에서 오랫동안 수많은 다양한 민족, 문화, 전쟁과 사건을 경험한 덕분에 프랑스인들은 짧은 역사를 지닌 미국인들과는 다른 노년기 문화를 가지고 있다는 것입니다. 그래서인지 다른 사람에 대한 용인성도 강한데요, 예를 들어 정치인들의 사생활에 대해 우리의 시각으로는 이해가 힘들 정도로 관대한 모습을 보입니다. 영웅물로 가득한 할리우드 영화보다는 80대 노인의 관점처럼 흔하지 않은 감정을 다룬 예술영화를 높이 평가하는 것도 이런 이유 때문이라 할 수 있습니다. 물론 관용성이 높은 문화를 가진 것만큼 자국 문화에 대한 자긍심도 무척 강해 오전 8시부터 오후 8시까지 방송 매체는 무조건 40퍼센트 이상 프랑스어가 나오는 방송을 해야하는 법이 있을 정도죠. 2016년에 35퍼센트로 완화되기도 했지만, 자국어와 문화에 대한 자신감이 없다면 불가능한 법이 아닐 수 없습니다.

이처럼 프랑스인들의 문화에 대한 사랑, 새로움에 대한 호기심, 그리고 평등과 자유를 얻기 위해 수많은 이들이 단두대의 이슬로 사라져야 했던 역사를 들여다본다면, 낭만과 예술의 파리와 프랑스가 좀 더 마음에 깊이 와 닿고 이해되지 않을까 합니다.

❶ 프랑스의 문화적 다양성과 풍성함은 자연환경과 자유롭게 새로운 것을 추구하는 호기심에서 나왔습니다.

❷ 청소년기 문화를 가진 미국에 비해 노년기 문화를 가진 프랑스는 용인성이 높습니다.

· 어록의 발견 ·

루이 14세의 명언을 영어로 표현해볼까요?

스스로를 다스릴 수 있는 자를 이길 방법은 거의 없다.

There is little that can withstand a man who can conquer himself.

당신의 시야는 스스로의 마음을 들여다볼 때만 또렷해질 것이다.
밖을 내다보는 자는 꿈을 꾸지만, 안을 들여다보는 자는 깨닫는다.

칼 구스타프 융(스위스)

사람의 눈이
두 개인 이유

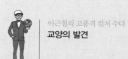

이근철의 고품격 컬처 수다
교양의 발견

몇 해 전 겨울, 폭설이 내려 주말 내내 집에만 머물렀던 적이 있습니다. 그때 창밖으로 펼쳐진 하얀 세상은 마치 지구의 첫 탄생을 보는 듯했습니다. 신기한 착각 속에 빠지게 할 만큼 행복한 기억이었죠.

그런데 이런 숨이 멎을 만큼 아름다운 풍경을 문밖으로 나서기만 하면 언제든 볼 수 있다면 여러분은 가장 먼저 무엇을 하시겠습니까? 또 이것이 생활의 터전에서 날마다 되풀이되는 일상이 된다면 그때는 무엇을 하게 될까요?

아마도 처음에는 신이 나 트레킹도 하고 스키 같은 겨울 스포츠도 즐기며 아름다운 자연을 만끽할 겁니다. 하지만 결국 시간이 흐를수록 거대한 자연 속에서 인간이 얼마나 자그마하고 나약한 존재인지를 깨닫게 될 겁니다. 그런 깨달음이 결국 나 자신을 찾는 내면으로의 여행을 시작하게 만들고, 스스로를 좀 더 정확히 보게 하는 사색의 출발점이 되지 않을까 합니다.

그런 이유 때문인지 알프스산맥을 품은 스위스는 800만 명이라는 적은 인구에도 노벨상 수상자를 26명(프랑스 인구 대비 3배 높은 수치)이나 배출했는데요, 분야도 평화상, 문학상, 생리학상, 의학상, 물리학상, 화학상까지 다양합니다. 물론 내면 여행과 자아 성찰을 뛰어난 업적의 직접적인 이유로 드는 것은 논리적으로 무리한 주장처럼 보입니다. 하지만 스위스의 대학에서 학생들을 가르쳤거나 오래 살았지만 시민권을 가지고 있지 않았던 수상자들, 또 스위스에 연구소가 있거나 본부를 둔 기관들까지 합하면 노벨상 수상 사례가 100여 건에 달하는 만큼, 저는 자연 속에서의 산책과 마음을 성찰하는 시간이 분명 큰 역할을 했으리라 생각합니다. 실제로 자연 속에서의 자아 성찰은 스트레스를 덜어주고 행복감과 자존감을 높여주는 최고의 방법이기 때문입니다.

1908년 취리히의 한적한 호숫가에 집을 짓고 연구와 사색을 했던 칼 구스타프 융^{Carl Gustav Jung}(1875~1961년)은 프로이트와 함께 쌍벽을 이루며 현대 정신분석학에서 사용하는 콤플렉스^{complex}, 집단 무의식^{collective unconscious}, 페르소나^{persona}, 내향성·외향성^{introversion/extroversion}과 같은 개념을 정립한 정신과 의사입니다. 그는 인간이 세상을

이근철의 고품격 컬처 수다
교양의 발견

어떻게 바라보고, 생각하고, 반응하는가를 '감각, 감정, 직관, 사고'에 따라 분류해서 MBTI 성격 테스트의 근간을 마련하기도 했죠. 그의 명언 "당신의 시야는 스스로의 마음을 들여다볼 때만 또렷해질 것이다. 밖을 내다보는 자는 꿈을 꾸지만, 안을 들여다보는 자는 깨닫는다"를 살펴보면 그가 자아 성찰을 얼마나 중요하게 여겼는지 알 수 있습니다.

그런데 인간이 오감 중에 상실의 고통을 가장 크게 느끼는 경우가 시력을 잃었을 때라고 합니다. 깜깜한 암흑뿐인 세상, 감히 상상이 되질 않습니다. 그만큼 눈은 우리에게 없어서는 안 될 소중한 기관인데요, 이런 소중한 눈을 우리는 두 개 가지고 있습니다. 그리고 이에 대해 오랜 시간 많은 이야기들이 있어 왔습니다. 남의 말을 귀담아들으라고 귀가 두 개고, 대신 입은 가려서 말하라고 하나만 붙어 있는 거라는 이야기가 있습니다. 한 번 보고 판단 말고 거듭 신중히 보라고 눈이 두 개라는 말도 있고, 볼 것과 보지 말아야 할 것을 가려보라고 신이 인간에게 두 개의 눈을 주었다는 이야기도 있습니다. 또 한쪽 눈은 미래를, 다른 한쪽 눈은 현실을 바라봐야 하기에 눈이 두 개 필요하다는 말도 있습니다.

물론 과학적으로 눈이 두 개인 이유는 원근감을 확보하기 위해서라고 합니다. 사물의 크기, 색깔, 생김새는 한쪽 눈으로도 가늠할 수 있지만 원근감, 입체감을 느끼는 건 불가능하기 때문이죠. 이를 융의 말에 비추어 보면, "우리의 눈이 두 개인 이유는 나 자신을 바라보는 내면의 눈, 그리고 타인을 바라보는 외면의 눈을 다 가져야 비로소 온전한 내가 되기 때문"이라고 말할 수 있지 않을까 생각합니다.

어렸을 때는 내가 바라보는 작은 세계가 세상의 전부입니다. 그래서 마치 천동설을 주장하듯 세계가 나를 중심으로만 이루어진 줄로 압니다. 모든 것이 내 본위이고 내가 제일이어야만 하죠. 그러나 나이가 들며 시야가 넓어질수록 세상이 나를 중심으로 돌아가는 게 아님을 알게 됩니다. 내가 움직여야 한다는 지동설을 받아들이게 되는 것이죠.

그러나 이 지점에서 멈춘다면 우리는 말 그대로 날마다 되풀이되는 일과를 수행하는 데 필요한 사회의 부속품에 불과할 뿐입니다. 반면, 나에서 확장돼 너를 바라보던 시야가 다시 나의 내면을 보고, 다양한 사색으로 보다 넓게 세계를 보고, 이전에는 없던 깨달음으로 충만해지고, 그래서 과거의 협소했던 세계가 나만의 시각으로 달리 보이는 놀라운 경험을 하는 것! 이것이 바로 융이 말한 '스스로의 마음을 들여다보는 힘'이 아닐까 합니다.

물론 본인의 성향과 사색의 방향에 따라 융의 명언을 통한 깨달음의 유용성도 다를 겁니다. 목표 지향적이며 행동 중심적인 이들이라면 오히려 내면을 바라보는 시야에 대해 관심을 가지지 않을까 싶습니다. 그럼으로써 외적 목표와 내적 행복의 균형을 생각해볼 기회가 될 수 있을 테고요. 반대로 많은 생각에 침잠해 실행력이 부족한 이들은 이를 통해 외적 목표와 실행력의 에너지를 얻을 수 있을지도 모릅니다.

바젤대학교에서 의학을 전공했지만 안정된 길을 따르지 않고, 당시에는 미개척 분야였던 정신학에 도전한 융. 그가 인간 내면의 무의식을 원형archetype으로 바라보고, 개인과 집단의 무의식, 그리고 성격의 투영체인 페르소나 등 현대 정신학의 바탕이 된 개념으로 정립할 수 있었던 것은 스스로의 내면세계와 더불어 다른 이들의 마음을 꾸준히 들여다보며 관찰하고 연구한 두 개의 눈이 균형 있는 역할을 했기에 가능한 일이 아니었을까요?

❶ 스위스에 노벨상 수상자가 많은 데에는 사색을 통한 자아 성찰에 도움을 준 자연환경의 힘도 있습니다.

❷ 인간의 눈은 타인을 바라보는 외면의 눈과 나 자신을 바로 보는 내면의 눈이 필요하기에 두 개입니다.

이근철의 고품격 컬처 수다
교양의 발견

있는 듯, 없는 듯한 대통령

보통 우리는 대통령을 생각하면 엄청난 권한을 자연스럽게 떠올립니다. 실제로 한국이든 미국이든 대통령으로서 할 수 있는 일은 상상을 초월합니다. 그런데 뛰어난 알프스의 풍광과 달콤한 초콜릿, 구멍 난 치즈로 유명한 스위스에서는 전혀 그렇지 않습니다. 심지어 스위스 국민들은 자국의 대통령이 누구인지도 잘 모른다고 하는데 왜일까요?

스위스 연방 정부의 공식 홈페이지(www.admin.ch)에 들어가면 연방의회 대표 7명의 얼굴을 볼 수 있는데요, 바로 이들 7명 중 한 명을 연방의회가 뽑으면 그 사람이 대통령이 됩니다. 그것도 임기가 불과 1년이고, 권한 역시 다른 6명의 연방의회 대표들보다 우월하지 않은 명예직에 가깝고요. 1년마다 한 번씩 바뀌는, 그것도 별 권한이 없는 대통령이 누구인지 국민들이 모르는 게 어쩌면 당연하지 않을까요? 스위스가 이런 특이한 대통령제를 채택하게 된 것은 그들의 독특한 역사 때문입니다.

스위스는 대한민국 면적의 2분의 1 정도 되는 땅에 인구 800만 명이 사는, 바다에 접하지 않은 유럽 중부 내륙국입니다. 기원전 500년 무렵 헬베티^{Helveti} 종족이 이주해 기원전 58년부터 기원후 400년까지 고대 로마제국의 통치를 받았고, 6세기에는 프랑크왕국(지금의 프랑스), 10세기에는 신성로마제국(지금의 독일과 오스트리아)의 직할지로 자치권을 인정받았습니다. 그러다가 1291년 슈비츠^{Schwyz}, 우리^{Uri}, 운터발덴^{Unterwalden} 3개 주가 동맹을 맺고 200여 년간 저항을 계속해 1499년 마침내 신성로마제국으로부터 독립을 쟁취했습니다. 스위스는 현재 26개의 동맹 주가 연방을 이루고 있는 연방 국가로 각각의 연방을 '캔턴^{canton}'이라 부릅니다. 그런데 이들 캔턴은 단순한 행정상의 구분을 넘어 독자적인 헌법과 행정·입법·사법 체계를 가지고 있어 독립된 국가처럼 기능을 합니다. 그러면 어떻게 이런 연방 국가가 생겨나게 되었을까요?

스위스는 국토의 약 60퍼센트가 험준한 알프스 산악 지형이라 강력한 중앙집권 국가의 출현이 어려웠습니다. 그러나 유럽 중부 내륙에 위치해 있어 주변국의 침략은 숱하게 받았죠. 따라서 각 지역들은 서로의 자치권을 인정하되 외부의 침략에는 공동으로 대응하는 생존 전략을 오래전부터 체득했습니다. 다민족에 다언어를 사용하게 된 것도 이런 이유 때문인데요, 현재 스위스는 독일어(63퍼센트), 프랑스어(23퍼센트), 이탈리아어(9퍼센트), 그리고 로망슈어(1퍼센트), 이렇게 4개의 공식 언어를 사용하고 있습니다. 흥미롭고 또한 당연하게도 프랑스 방면의 서부 캔턴들은 프랑스어를, 독일 방면의 동북부는 독일어를, 이탈리아와 가까운 남부는 이탈리아어를 주로 사용하죠. 이처럼 한 지붕 세 가족이 사는 형국이니, 한 명의 가장(대통령)에게 막대한 권한을 줄 수가 없었던 것입니다.

스위스는 강력한 지방분권 제도와 함께 개인의 행복추구권 또한 법으로 상세하게 보장하고 있는데요, 모든 상점은 저녁 7시가 되면 문을 닫아야 하고, 주말에는 문을 열 수 없도록 법에 명시되어 있습니다. 심지어 이웃의 조용한 주말을 방해하는 시끄러운 청소, 빨래, 세차도 법으로 금하고 있고, 만일 이를 어기면 벌금형이나

구금형이 내려진다고 합니다. 심지어 반려동물의 행복추구권까지 보장하고 있는데요, 반려동물을 키우기 위해서는 반려동물이 외롭지 않도록 꼭 두 마리 이상을 함께 키우도록 법으로 규정하고 있다고 합니다.

스위스는 세계 최고의 초콜릿 생산국답게 1인당 초콜릿 소비량(미국의 2배) 역시 세계 최고를 자랑합니다. 하지만 비만율은 아래에서 3위, 평균수명은 83.5세로 위에서 3위일 정도로 건강한 나라이기도 합니다. 또한 국민의 절반 이상이 총기를 소지하고 있지만 실제 범죄율은 세계에서 가장 낮은 국가 중 하나입니다. 특이한 것은 교통법규를 어기면 소득수준에 따라 벌금이 부과되는데요, 과속으로 10억에 가까운 벌금을 낸 운전자가 있을 정도죠.

스위스 하면 대표적으로 '알프스의 보석'이라 불리는 융프라우 JungFrau('처녀'라는 뜻) 같은 신비롭고 아름다운 산악 풍경을 떠올릴 텐데요, 이를 뒤집어 보면 대규모 경작지가 적다는 뜻이 됩니다. 자연히 식량의 자급자족이 힘들어 실생활은 각박할 수밖에 없었다는 거죠. 실제로 스위스의 도시는 알프스산맥에서 벗어난 북쪽에 몰려 있고, 농업 역시 북쪽 지역에서 주로 이뤄지고 있습니다.

알프스 지역은 주로 소규모 방목으로 생활을 이어가 궁핍할 수밖에 없고, 이런 이유로 15세기부터 이들 지역의 젊은이들은 유럽 각국에 용병으로 지원해 살길을 찾기도 했습니다. 고산 생활에서 획득한 강인한 체력과 용맹, 성실함으로 용병 하면 스위스라는 명성을 떨치게 된 것이죠. 대표적인 예로 1506년 교황 율리우스 2세Julius II가 스위스 용병으로 근위대를 창설해 오늘날까지 지속되고 있는데요, 알록달록 화려한 중세 복장을 하고서 바티칸시국The Vatican State 을 경비하는 이들이 바로 스위스 용병입니다. 이런 용병들의 외화벌이는 스위스 경제에 적지 않은 도움이 되기도 했습니다.

참고로, 만화 〈톰과 제리〉에 나오는 구멍 숭숭 뚫린 치즈가 바로 스위스 베른Bern 캔턴의 에멘탈Emmental 지역에서 처음 만들어진 치즈입니다.

한편 스위스인은 주변 강대국에 맞선 독립 과정을 통해 도전정신, 준법정신, 근면함, 철저한 경제관념이 생활화되었는데요, 이런 국민성이 정밀성을 요구하는 시계 산업, 비밀 보장이 필수인 금융업은 물론 세계적인 국제기구의 본부들을 유치하는 데 큰 힘이 되었다고 할 수 있습니다. 통계에 따르면, 비밀 금고로 유명한 스위스의 은행들에 전 세계 개인 자산의 4분의 1 정도가 몰려 있다고 합니다.

끝으로, 인터넷 도메인 주소가 kr로 끝나면 Korea, 즉 한국을 의미하는데요, 스위스의 인터넷 도메인 마지막 글자는 무엇일까요? 신기하게도 sw가 아니라 ch입니다. 실제로 스위스는 자동차 번호판부터 국가 표시 코드에 이르기까지 CH를 사용하고 있습니다. 스위스를 관광하면 곳곳에서 CH라는 글자를 볼 수 있죠. 이는 앞서 설명했던 스위스 지역에 처음 거주했던 헬베티 종족에서 비롯된 '헬베티카 연방Confoederatio Helvetica(스위스연방공화국의 옛 라틴어 이름)'에서 따온 것입니다. 그러니까 CH는 곧 스위스라는 것을 알아두면 유용합니다. 더불어 스위스의 디자이너 막스 미딩거Max Miedinger가 디자인해 글로벌 브랜드의 로고logo부터 길거리의 영어 상호명에 이르기까지 현재 세계에서 가장 많이 사용되고 있는 영문 글자체의 이름 역시 헬베티카로 이 또한 스위스를 대표하는 상품이라고 할 수 있습니다.

❶ 알프스의 험준한 산악 지형은 스위스를 4개국어를 사용하는 연
  방 국가로 만들었습니다.

❷ 세계에서 가장 특이한 임기 1년의 순번 대통령제는 스위스 정치
  의 단면을 잘 보여줍니다.

· 어록의 발견 ·

칼 구스타프 융의 명언을 영어로 표현해볼까요?

당신의 시야는 스스로의 마음을 들여다볼 때만 또렷해질 것이다.
밖을 내다보는 자는 꿈을 꾸지만, 안을 들여다보는 자는 깨닫는다.

**Your vision will become clear only when you can look into
your own heart. Who looks outside, dreams; who looks
inside, awakes.**

Life

인생
뭐
있어?

신념(믿음)이란 우리의 모든 어둠을 흩어버리는 불빛이 아니라,
밤에 우리의 발걸음을 인도하고 (인생) 여정을
충분히 밝혀주는 등불이다.

프란치스코 교황(바티칸시국)

문제 앞에서
무릎 꿇지 않는 법

인생을 살아가며 우리는 매일매일 크고 작은 문제들을 만나게 됩니다. 그중에는 어렵지 않게 잘 해결하고 넘어가는 문제도 있지만, 해결하기에는 너무 버겁고 힘든 문제도 있습니다. 그래서 어떻게 해야 할지 엄두조차 나지 않을 때는 이런 생각이 들기도 합니다.

'내 인생에 그 어떤 문제도 없다면 얼마나 좋을까! 꽃길만 계속 걸을 수 있다면 정말 좋을 텐데.'

여러분은 어떻게 생각하세요? 이때 꽃길의 의미는 여러 가지겠지만 간단히 풍족한 삶이라고 생각할 수 있는데요, 그럼 경제적인 여유가 넘쳐서 돈 걱정을 전혀 할 필요가 없는 사람은 아무 문제가 없을까요? 그러나 우리는 한국이든 외국이든 상상을 뛰어넘는 재산을 가진 기업의 소유주와 가족들이 직원들이나 주위 사람들에게 상식 이하의 행동을 해 뉴스에 오르내리는 것을 심심찮게 목격합니다. 또 적게는 수백만 명, 많게는 수천만 명의 리더로서 충분히 꽃길만을 걸을 수 있었음에도 불구하고 그들의 신뢰를 배신하고 허탈하게 만든 사례들 역시 어렵지 않게 마주합니다.

이는 한마디로 경제적 여유나 정치적 지위가 결코 순탄한 인생을 그냥 그리고 계속 보장하지 않는다는 사실을 보여줍니다! 사실 지금까지 살아오면서 크건 작건 가정, 친구, 그리고 직장에서 단 한 번의 문제도 발생하지 않았던 적이 있었나요? 그렇지 않았을 겁니다. 결국 이 말은 우리가 삶이라는 활동을 영위하는 동안에는 반드시 문제가 발생한다는 뜻입니다. 따라서 문제가 있고 없고가 중요한 게 아니라, 문제를 어떻게 바라보느냐가 중요한 것입니다.

예를 들어 우리는 배가 고플 때 음식을 먹어야 허기가 사라집니다. 그런데 한번 음식을 먹었다고 영원히 배가 고프지 않은가요? 당연히 4~5시간 정도가 지나면 다시 음식을 섭취해야만 합니다. 매번 반복적으로 음식을 섭취해야 하는 것이죠. 이를 '당연한 것'으로 받아들이기 때문에 반복되는 똑같은 일도 전혀 문제로 여겨지지 않는 것입니다. 즉, '왜 또 먹어야 해?'라고 생각한다면 식사는 '짜증나는 문제'가 되지만 '매번 허기가 찾아

이근철의 고품격 컬처 수다
교양의 발견

오니 그때마다 다른 맛난 음식을 먹을 수 있어서 정말 좋아!' 라고 생각하면 짜증은커녕 행복한 일이 되는 것입니다. 이처럼 같은 문제를 놓고도 생각 하나만 바꿔도 시각과 태도가 달라지고, 그럼으로써 문제를 해결할 힘이 생길 수 있다는 뜻입니다. 이는 프란치스코 Francisco (1936년~) 교황의 명언에서도 잘 드러납니다. "신념(믿음)이란 우리의 모든 어둠을 흩어버리는 불빛이 아니라, 밤에 우리의 발걸음을 인도하고 (인생) 여정을 충분히 밝혀주는 등불이다."

신념과 믿음이 있다고 세상의 어두운 문제를 모두 다 없앨 수는 없습니다. 오히려 문제는 우리 앞에 항상 존재해왔고, 앞으로도 계속 존재할 수밖에 없습니다. 따라서 문제를 무서워만 하거나 또는 없애야 할 대상으로만 여기지 않고 차근차근 해결할 수 있도록 우리의 발걸음을 인도하고 인생 여정을 밝혀주는 등불의 사용법을 배우고 익히는 것이 중요합니다. 프란치스코 교황의 명언이 주는 참뜻이 바로 여기에 있지 않을까요?

현재 전 세계 12억 가톨릭 신도들의 추앙을 한 몸에 받으면서도 항상 겸손과 소박함으로 믿음과 신념을 실천하고 있는 프란치스코 교황. 2013년 그는 2,000여 년 가톨릭 역사상 처음으로 유럽이 아닌 미주^{America} 출신의 교황으로 선출되었습니다. 비유럽권 교황으로 치면 시리아 출신의 교황 그레고리 3세^{Gregory III}(재임 731~741년) 이후 1,282년 만의 일이죠. 제266대 교황이 되며 그는 이전까지 그 어떤 교황도 선택하지 않았던 '프란치스코'를 교황명으로 선택했는데요, 이는 평생을 청빈한 모습으로 살았던 이탈리아 '아시시 지방의 성 프란체스코^{Saint Francis of Assisi}'의 뜻을 이어가겠다는 의미입니다. 실제로 그는 아르헨티나의 대주교 시절에도 교회에서 제공한 주교관 대신 작은 아파트에 살면서 대중교통으로 출퇴근을 하고 빈민 구제를 위해 노력하는 등 언제나 시민들과 함께했죠. 이런 행보를 보면 프란치스코라는 교황명이 정말 잘 어울리는 것 같습니다.

프란치스코 교황은 1936년 이탈리아의 무솔리니 파시스트 정권을 피해 아르헨티나로 이주한 회계사 아버지의 다섯 자식 중 장남으로 태어났습니다. 본명은 호르헤 마리오 베르고글리오 ^{Jorge Mario Bergoglio}로 대학에서 화공학을 전공한 뒤 실험실 연구원뿐만 아니라 청소부로도 일했죠. 스물한 살 때는 폐렴으로 폐의 일부를 잘라내는 힘든 수술을 받기도 했습니다. 그 역시 가난과 질병이라는 고통스런 문제에 괴로움을 겪었던 것입니다. 하지만 그는 현실의 문제에 무릎 꿇지 않고, 자신의 말처럼 이를 인생의 여정을 밝혀주는 등불의 기름으로 사용하는 법을 배우고 익힐 수 있었습니다.

이처럼 힘겨운 현실의 문제 앞에서 무릎 꿇는 대신, 오히려 문제를 인생의 일부분, 인생을 살아가는 데 필요한 에너지로 삼을 수 있었기에 프란치스코 교황은 이전까지의 보수적인 교황청을 개혁하고, 화려한 격식을 간소하게 줄여 검소한 문화를 정착시킬 수 있었겠죠. 가톨릭과 소원했던 동방정교회 Eastern Orthodox Church 와 교류하고, 이슬람 학교와 모스크 사원을 방문해 이슬람과도 소통하며 종교들 간에 불필요한 긴장보다는 평화 유지에 힘쓸 수 있는 것도 이런 용기 덕분이지 않을까 생각합니다. 이렇듯 가톨릭의 복음을 전파하는 일뿐만 아니라 지구촌의 다양한 이슈를 해결하기 위해 파격적인 행보를 내딛고 있는 프란치스코 교황을 보면 봉사, 배려, 희생에서 기쁨을 얻는 진정한 종교인의 모습을 보는 듯해 감동받게 됩니다. 나아가 전 세계 모든 종교인들도 자기만의 종교를 넘어 인류 공통의 행복을 위해 기도하기를 꿈꿔봅니다.

❶ 경제적 여유나 정치적 지위가 순탄한 인생을 보장하지는 않습니다.

❷ 문제를 문제가 아닌 인생의 일부분으로 여기고 해결 방법을 연습하면 예상하지 못한 묘한 자신감이 생깁니다.

아무것도 생산하지 않는 나라

만일 어떤 나라가 농산물이나 공산품 소비재를 비롯해 그 어떤 물건도 생산하지 않는다면 어떻게 될까요? 게다가 태어나는 신생아가 한 명도 없는데 해마다 인구는 거의 동일하다면 도대체 그 비밀은 무엇일까요? 또 자국민을 제외하고, 이 나라와 이 나라의 왕을 추종하는 사람들이 전 세계적으로 12억 명이나 된다면 그것은 어떻게 설명해야 할까요?

얼핏 말도 안 되는 것 같지만, 실제로 이런 나라가 존재합니다. 국토 면적이 독도의 2배 정도밖에 되지 않고 인구는 1,000명에도 미치지 못하지만, 전 세계 12억 가톨릭 신자들의 마음속 고향, 로마의 바티칸시국^{The Vatican State}입니다. 성인 걸음으로 40분 정도면 나라를 한 바퀴 돌 수 있을 만큼 작은 바티칸시국은 어떻게 탄생하게 되었을까요?

기원후 64년 로마제국의 황제 네로^{Nero}는 자신의 실정^{失政}에 쏠리는 관심을 돌리기 위해 로마 시내에 불을 지른 뒤 그 범인으로 크리스트교인들을 지목해 십자가형이나 화형에 처하는 엄청난 박해를 가합니다. 이때의 박해로 순교한 대표적인 이가 바로 성 베드로죠. 이후 250여 년이 흘러 나뉘어 있던 로마제국의 권력을 하나로 통합하려던 콘스탄티누스^{Constantine}는 꿈속에서 십자가가 보이는 계시를 받은 뒤 밀비오 다리^{Milvian Bridge} 전투에서 승리를 하게 됩니다. 이에 황제가 된 뒤 로마제국 최초로 크리스트교를 인정하는 칙령을 밀라노(313년)에서 발표하고, 베드로^{Peter}가 묻혀 있다고 알려진 묘지 위에 성 베드로 성당^{Saint Peter's Basilica}을 세우도록 명합니다. 그리고 450여 년이 흘러 로마제국이 쇠퇴하며 세력이 약해진 교황 스테파노 2세^{Stephen II}는 힘은 막강하지만 명분이 부족하던 프랑크왕국(지금의 프랑스)의 왕에게 황제로서의 세례를 해주고, 756년 이에 대한 보답으로 피핀^{Pepin} 왕에게서 로마를 포함한 이탈리아 중부의 넓은 영역을 할애받습니다. 이후로 1,000년 넘게 이 지역은 교황이 다스리는 땅이 되죠.

하지만 19세기 들어서 이탈리아를 통일한 이탈리아왕국의 입장에서 보면 교황 세력의 마지막 보루인 바티칸이 달가울 리가 없었습니다. 그래서 1870년 몰수 선언을 하는데요, 전 세계 크리스트교의 사랑과 존경을 받는 상징적인 존재를 무력으로 어찌하기에는 어려운 일이었습니다. 결국 60여 년이 흐른 1929년, 무솔리니^{Benito Mussolini}는 정권을 공고히 하고자 교황에게 공식 사과를 하고 바티칸을 돌려주는 대신 이탈리아의 정치나 전쟁에 관련해 그 어떤 간섭도 하지 말라는 조건을 내겁니다. 이를 '라테란 협정'이라고 부르는데요, 이 협정을 통해 바티칸이 현재처럼 하나의 독립된 국가로 인정을 받게 된 것입니다.

세계에서 가장 작은 국가인 바티칸시국은 여권이나 비자 없이도 방문이 가능한데요, 가장 먼저 눈에 띄는 것은 120년(1506~1626년)에 걸쳐 새로 지어진 성 베드로 성당과 광장입니다. 참고로, 성 베드로 성당은 한 번에 6만 명이 예배를 볼 수 있는 세계 최대 규모의 교회입니다. 그 옆의 시스티나 성당^{Sistine Chapel}은 라파엘로나 보티첼리의 아름다운 벽화와 미켈란젤로의 〈천지 창조〉로 유명한데요, 미켈란젤로가 그린 천장화는 르네상스 시대의 정점을 찍은 작품으로 여겨집

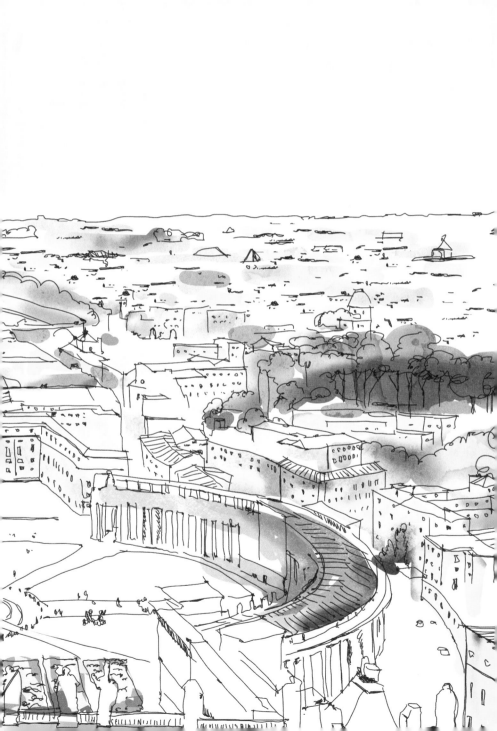

니다. 사실 미켈란젤로는 본래 피렌체에서 조각가로 활동하다가 교황 율리오 2세^{Julius II}의 부름을 받고 바티칸으로 와서 본격적인 그림 작업을 하게 되었다고 합니다. 그럼에도 〈천지 창조〉를 보면 그의 첫 대규모 그림 작업이라 믿기지 않을 정도로 완성도가 높습니다.

그런데 그 어떤 생산 활동도 하지 않는 바티칸시국은 어떻게 국가를 운영할 수 있을까요? 일단 해마다 바티칸을 찾는 500만 명의 관광객에게서 거둬들이는 관광 수입과, 전 세계 12억 가톨릭 신자가 내는 기부금으로 3,000억 원가량 되는 1년 예산을 집행하는 데 전혀 문제가 없다고 합니다. 또 바티칸의 총자산도 65조 정도 된다고 알려져 있는데요. 거주자와 국민을 다 합쳐도 1,000명이 안 되니 지출은 적고 자산은 계속 늘어나는 구조가 유지될 수 있는 것이죠. 참고로, 바티칸시국은 절대왕정 체제인데요. 현재 세계에서 절대왕정 체제를 갖춘 나라는 바티칸시국을 포함해 아라비아반도의 사우디아라비아, 오만, 카타르, 아랍에미리트와 아시아의 브루나이, 아프리카의 스와질란드, 이렇게 총 7개국입니다. 그러면 바티칸시국의 왕은 누구일까요? 교황이 곧 왕의 역할을 함께 합니다. 하지만 교황은 전 세계 212명 추기경들이 투표를 통해 뽑는, 세습되지 않는 왕이라 다른 절대왕정과는 확연히 구분되죠.

이처럼 인류의 평화와 복지 증진을 위해 노력하는 교황의 역할과 영향력에 비추어 본다면 바티칸은 세계에서 가장 작은 나라이지만, 사람들의 마음을 움직일 수 있는 가장 강력한 국가 중에 하나가 아닐까 합니다.

KEY-POINT

❶ 바티칸시국은 그 어떤 소비재도 생산하지 않지만, 전 세계 12억 인구에게 행복감을 주는 곳입니다.

❷ 세계에서 가장 작은 나라이지만, 가장 커다란 영향력으로 세계 평화에 기여하는 곳도 역시 바티칸시국입니다.

· 어록의 발견 ·

프란치스코 교황의 명언을 영어로 표현해볼까요?

신념(믿음)이란 우리의 모든 어둠을 흩어버리는 불빛이 아니라, 밤에 우리의 발걸음을 인도하고 (인생) 여정을 충분히 밝혀주는 등불이다.

Faith is not a light which scatters all our darkness, but a lamp which guides our steps in the night and suffices for the journey.

땅이 끝나는 곳에서 바다가 시작되나니.

카몽이스(포르투갈)

이불 밖은
진짜 위험할까?

이근철의 고품격 컬쳐 수다
교양의 발견

만일 지금 태양계를 넘어 수백 광년 떨어진 행성으로 향하는 우주선에 타고 있다면 어떤 기분일까요? 그 누구도 가본 적이 없고, 무엇을 만날지도 모르는 행성을 향해서, 게다가 빛보다 빠른 최초의 시험용 우주선에 타고 있다면 어떨까요? 기대와 설렘도 있겠지만, 살아서 돌아오지 못할 수도 있다는 불안감이나 공포심이 훨씬 더 크지 않을까요?

15세기에 먼바다를 항해한다는 것은 우주선을 타고 미지의 행성을 향해 떠나는 것과 별반 다르지 않았습니다. 그 당시 사람들은 지구는 평평해서 끝까지 가면 떨어져 죽는다고 알고 있었죠. 실제로 원해로 항해를 떠난 선원의 3분의 1 정도는 살아서 돌아오지 못할 때였습니다. 그럼에도 모험가들은 목숨을 걸고 도전했습니다.

이 수많은 모험가들 중에서도 역사에 길이 남을 이들이 있습니다. 대표적으로 아프리카 최남단 희망봉을 발견한 바르톨로뮤

디아스^{Bartolomeu Dias}, 인도 항로를 개척한 바스코 다가마^{Vasco Da Gama}, 배를 타고 최초로 세계를 일주한 페르디난드 마젤란^{Ferdinand Magellan}이 떠오르는데요, 흥미롭게도 이들에게는 한 가지 공통점이 있습니다. 바로 이들 모두가 포르투갈 출신이라는 것입니다. 국명 자체가 '항구^{port}'라는 뜻을 가진 포르투갈은 유럽의 서쪽 끝 이베리아반도에 자리해 있습니다. 이탈리아처럼 화려하지도, 스페인처럼 웅장하지도 않지만 오랜 전통과 아기자기한 옛 모습들을 지금도 어디서든 잘 볼 수 있는 나라죠.

포르투갈은 1143년 통일 국가(리스본을 포함한 중북부 지역)를 이루긴 했지만, 유럽의 서쪽 끝에 치우친 지형적 불리함 탓에 유럽 본토와 동방 세계, 그리고 아프리카와의 교역에서도 모두 밀려난 절망적인 상황이었습니다. 하지만 15세기에 들어서며 포르투갈은 대항해 시대를 연 뒤 100년 가까이 전 세계에 수많은 식민지를 건설하며 막대한 부를 축적할 수 있었습니다. 앞서 열거한 수많은 모험가들의 희생을 통해서 말이죠. 물론 식민지의 입장에서는 가혹한 수탈이었겠지만, 어쨌든 가난한 나라 포르투갈에 대체 무슨 일이 있었기에 이런 기적이 가능했던 것일까요?

포르투갈은 통일을 이룬 뒤 국경선을 지키기 위해 피나는 노력을 해야 했습니다. 이런 생존을 위한 노력이 축적돼 1415년 아프리카의 세우타^{Ceuta}를 정복하며 해적들을 소탕하고 아프리카에 첫 교두보를 세우는 결실을 맺게 됩니다. 이때 큰 공을 세웠던 인물이 바로 주앙 1세^{John I}의 셋째 아들 엔히크^{Henrique}(1394~1460년) 왕자였죠. 사실 엔히크 왕자는, 왕위 계승에서 밀려난 구실로 평생을 호의호식하며 살아도 되는 상황이었습니다. 하지만 그는 실망스런 현실에 좌절하는 대신 자기만의 열정을 쏟을 수 있는 대상을 찾으려 노력했고, 그 누구도 정복하지 못했던 광활한 바다를 정복하기로 결심했죠. 절망 앞에서 새로운 희망을 보았던 것입니다. 바로 이 엔히크 왕자의 결심이 포르투갈을 유럽의 변방국에서 대항해 시대를 연 주인공으로 만들었던 것이죠.

우리는 보통 큰 꿈을 꾸고 커다란 목표를 세우는 것이 멋지다고 생각하고, 또 거기에 익숙합니다. 하지만 너무 커다란 목표는 정작 목표를 이루지 못하도록 발목을 잡는 원인이 될 수 있습니다. 목표가 크면 클수록 그에 맞는 치밀한 준비를 해야 한다는 강박관념을 만들고, 결국 아무것도 못 하고 결심, 계획, 좌절,

자책과 다시 새로운 결심만 반복할 가능성이 높기 때문입니다.

그러면 큰 꿈도, 위대한 포부도 가지지 말란 소릴까요? 당연히 아닙니다!

핵심은 실천 가능한 자그만 목표를 세우고, 즉각 실천하며 보람을 느끼는 즐거운 사이클을 만드는 것입니다. 그러면 결국 그게 쌓여서 큰 꿈도, 위대한 포부도 모두 실현할 수 있다는 것입니다! 그래서 남에게 피해를 주지 않는 이상 무엇이든 저질러보는 게 중요합니다. 호기심이 일면 이런저런 계획을 세우는 것도 중요하지만, 먼저 살짝 간부터 보는 것이 훨씬 더 도움이 됩니다. 그러면 머릿속으로 생각하던 것과 실재가 전혀 달라 관심사를 바꾸기도 하고, 오히려 기대했던 것보다 훨씬 더 재미있어 과감히 도전을 할 때도 있으니까요.

엔히크 왕자 역시 처음부터 대항해 시대를 열 목표를 세웠을까요? 아닙니다. 그의 첫 발걸음은 부왕과 귀족들을 찾아다니며 설득해 자금을 모으고, 형이었던 피터 Peter 왕세자(코임브라 지역)에게 부탁해서 베네치아 및 다른 지역에서 귀중한 지도와 항해 자료를 확보하려 노력했습니다. 유럽 곳곳에서 뛰어난 지리학자들과 선박 기술자들을 불러들여 젊은이들에게 항해술과 조선술을 가르쳤습니다. 이렇게 한 걸음 한 걸음 앞으로 나아가 마침내 대항해 시대를 연 것입니다.

물론 시작은 누구에게든 두렵습니다. "이불 밖은 위험하다"라는 말이 생겨난 이유이기도 할 겁니다. 하지만 그럴수록 이불 밖에 무엇이 있는지, 대체 뭐가 있기에 위험하다고 하는지 계속 질문을 던져야 합니다. 당장 무엇을 해야 한다는 의무감이 아닌, 궁금증과 호기심을 자극할 만한 질문을 스스로에게 던지는 것입니다. 그러면 그전에는 보이지 않던 새로운 세계가 우리 앞에 펼쳐질지 모릅니다. 앞으로 한 발짝 나아갈 용기가 샘솟을지 모릅니다. 하지만 반대로 아무것도 하지 않고 결심만, 또는 계획만 세운다면 정말 확실한 한 가지 결과는 있습니다. 결코 그 어떤 일도 일어나지 않는다는 것이죠.

포르투갈의 국민 시인으로 추앙받는 카몽이스^{Camões}(1524~1580년)의 시 "땅이 끝나는 곳에서 바다가 시작되나니"는 너무나 당연한 말이라 얼핏 유치해 보이기까지 합니다. 하지만 저는 리스본 시내에서 30킬로미터 떨어진 신트라^{Sintra}의 호카곶^{Cabo da Roca} 절벽

앞에 선 순간, 그의 시가 주는 울림에 가슴이 멎을 듯한 경험을 했습니다. 제대로 서 있기조차 힘들 정도의 거센 바람과 수십 미터가 넘는 파도, 시야를 가득 채우다 못해 둥글게 보이는 대서양의 광활한 수평선을 본 순간, 수백 년 전 바다를 향해 떠나던 탐험가의 심정이 절실히 느껴졌던 것입니다. 기념비에 새겨진 카몽이스의 시구처럼 눈앞에 까마득히 펼쳐진 절망이 호기심과 도전 의식, 그리고 설렘과 같은 희망으로 바뀌는 놀라운 순간이었죠.

바다를 두려움의 대상으로만 바라보던 사람들의 마음에 새로운 세계에 대한 희망의 씨앗을 심었던 엔히크 왕자! 그의 탄생 600주년을 기리기 위해 리스본의 벨렝^{Belem}에 거대한 기념비를 세우고, '엔히크 왕자 훈장^{Order of Prince Henry}'이라는 국가 훈장을 만들어 포르투갈을 빛낸 자국민에게 줄 정도로 엔히크의 도전 정신은 아직까지도 포르투갈 사람들에게 희망으로 남아 있습니다.

❶ 너무 큰 목표는 우리를 지치게 합니다. 자그만 목표를 즐겁게 자주 성취하는 것이 결국 큰 목표를 이루는 지름길이 됩니다.

❷ 의무감이 아닌 궁금증과 호기심이 새로운 도전을 성공으로 이끕니다.

한의 정서가 담긴 민요, 파두

한국의 '한恨'이라는 단어를 다른 언어로, 그것도 한 단어로 번역하기란 쉽지 않은데요. 저는 포르투갈 여행 중, 포르투갈 전통 민요 파두fado를 듣기 위해 일부러 저녁 식사를 리스본의 알파마Alfama로 잡았습니다. 그리고 구성진 파두를 듣는 순간 곧바로 우리의 한의 정서와 딱 맞아떨어진다는 느낌을 받았죠. 노랫말은 몰랐지만 포르투갈 기타Guitarra Portuguesa와 절묘하게 어우러진 여인의 음색을 듣고 있노라니 그녀의 어머니와 할머니가 겪었을 굴곡진 삶들이 오롯이 배어나는 느낌이 들더군요. 마치 포르투갈의 역사를 공부가 아닌, 그냥 단번에 마음으로 받아들인 것 같은 설레는 착각이랄까요? 파두는 1800년도 초중반 리스본을 중심으로 유행하기 시작한 음악 장르입니다. 음악에 시를 결합해 그때그때 가수가 즉흥적으로 부르는 독특한 장르죠. 한때 브라질을 포함해 전 세계에 수많은 식민지를 거느렸던 강대국 포르투갈에서 어떻게 이런 한이 서린 민요가 생겨나게 되었을까요?

포르투갈과 스페인이 위치한 이베리아반도와 아프리카 사이의 지브롤터해협의 경우 너비가 가장 좁은 곳이 14킬로미터밖에 되지 않아 오래전부터 외세의 침입이 잦을 수밖에 없었습니다. 실제로 622년 아라비아반도에서 태동한 이슬람교가 아프리카를 거쳐 무어 Moor 인들과 함께 711년 이베리아반도에 유입되었죠. 이후 포르투갈의 독립까지 400년, 스페인의 통일까지 800년 가까이 이베리아반도는 이슬람교의 지배하에 있었습니다. 크리스트교를 믿는 기존 주민들 입장에서는 종교적 그리고 정치적 박해를 받으며 수백 년을 숨죽인 채 보낼 수밖에 없었고, 자연히 많은 한이 쌓였을 거라 생각됩니다.

참고로, 스페인과 포르투갈을 여행하다 보면 이목구비는 백인인데 피부가 거무스레한 사람들이 종종 눈에 띕니다. 아프리카를 통해 들어왔던 이슬람교도(무어인)의 형질이 남아 있는 것이죠. 이탈리아의 베네치아를 배경으로 한 《오셀로Othello》는 셰익스피어의 4대 비극 중 하나인데요, 그 주인공 오셀로 장군이 바로 피부가 검은 무어인이죠.

이슬람 세력의 오랜 지배에 숨을 죽이던 포르투갈은 1147년 북부 포르투Porto에서 남부 리스본Lisbon까지 국토를 확장합니다. 정복왕으로 불리는 알폰소 1세Alfonso I 의 업적으로, 그가 바로 포르투갈의 첫 번째 왕이죠. 이후 알폰소 3세 때인 1249년에는 포르투갈의 가장 남단인 파루Faro까지 영토를 회복해 지금의 포르투갈과 거의 유사한 국경선을 그리며 통일 왕국을 이루게 됩니다. 이 과정이 100년 정도 되었으니 그 사이 국민들의 삶은 그리 순탄치만은 않았을 겁니다.

게다가 통일 왕국을 이루었어도 포르투갈의 사정은 여의치 않았습니다. 포르투갈은 1580년부터 1640년까지 60년 동안 바로 옆의 강대국 스페인에 나라를 빼앗긴 상태였습니다. 그 뒤 무려 28년 동안의 길고 긴 독립전쟁을 통해 1668년 마침내 스페인으로부터 완전한 독립을 인정받을 수 있었죠. 36년 동안 이어졌던 일본의 식민 통치와 수탈이 한국인의 정서에 엄청난 영향을 끼쳤듯이, 스페인의 압제와 독립전쟁을 더한 88년 역시 포르투갈 국민들에게는 엄

이근철의 고품격 컬처 수다
교양의 발견

청난 고통과 한의 역사였을 것입니다.

그리고 파두가 형성되기 50여 년 전인, 1755년에는 진도 9.0의 강진이 발생해 무려 10만 명의 목숨이 한순간 사라지는 비극을 겪기도 했습니다. 포르투갈 전역이 큰 피해를 입었고, 특히 수도 리스본은 도시의 80퍼센트가 파괴되는 잔인한 재앙이었죠. 이후 긴축 재정과 경제 혁신을 통해 성공적으로 도시를 재건할 수 있었는데요, 현재 우리가 보고 있는 리스본은 이때 재건된 모습이라고 할 수 있습니다.

마지막으로, 한이 서린 파두의 형성 이유에는 포르투갈 국민의 삶에서 떼려야 뗄 수 없는 대서양도 한몫을 했을 것입니다. '조용하고 커다란 바다'라고 해서 마젤란이 이름 붙인 태평양Pacific Ocean이 여성적이라면, 그리스의 아틀라스Atlas 신과 아틀라스산맥에서 유래한 대서양Atlantic Ocean은 야수 같은 거친 남성의 느낌이 물썬 나는 바다입니다. 포르투갈 국민들은 생계와 탐험을 위해 이 거친 대서양을 개척해야만 했죠. 그 와중에 수많은 이들이 목숨을 잃었고, 가족을 잃은 이들의 마음속에는 분명 슬픔과 애환이 깊게 새겨졌을 겁니다. 실제로 포르투갈은 거칠고 변화무쌍한 파도로 전 세계 서퍼들의 천국으로 유명합니다.

한편 대항해 시대를 열었던 국가답게 포르투갈은 아메리카의 칠리Chili 고추를 인도에 소개해 커리Curry의 탄생을 돕고, 영국에 홍차 문화를 소개한 나라입니다. 1592년 임진왜란 때 왜군이 사용한 화약과 조총 역시 포르투갈에서 전해진 신문물이죠. 또 일본의 튀김 요리인 덴푸라와 빵도 각각 포르투갈어인 tempora('시간'이란 뜻으로, 시간을 재서 튀기는 음식)와 pão(빠옹)에서 온 단어입니다. 얇고 바삭한 빵을 깨물면 부드러운 커스터드 크림이 왈칵 터져 나오는 에그 타르트egg tart 역시 포르투갈의 파스텔 드 나타pastel de nata가 원조로, 포르투갈의 식민지였던 마카오Macau에서 홍콩, 그리고 중국까지 전해진 것이죠.

한과 함께 소박한 미를 간직한 포르투갈의 국명은 제2도시인 포르투Porto에서 따온 것인데요, 포르투에서 처음 만들어진 로제 와인과 포르투 와인에서도 포르투갈만의 맛이 느껴집니다. 또한 포르투갈은 그 어느 도시의 뒷골목을 거닐어도 수백 년을 훌쩍 넘은 가정집을 만날 수 있고, 거리의 이슬람 문양 외벽 타일 한 장에서조차 오랜 시간의 숨결을 느낄 수 있는 그야말로 역사의 나라라고 할 수 있습니다. 특히 아름다운 고문서 도서관을 두고 있는 코임브라대학교를 빼놓을 수 없는데요, 역사적으로 유서 깊은 코임브라대학교가 전 세계적으로 더욱더 유명해진 건 한때 코임브라에서 살았던 조앤 롤링 때문입니다. 그녀가 《해리포터》 시리즈를 구상하며 '마법 학교'와 '망토를 두른 학생들'이라는 아이디어를 얻은 게 바로 코임브라대학교인 것이죠. 실제로 지금도 코임브라대학교의 학생들은 특별한 날에 망토를 두르고 등교를 하기도 합니다.

포르투갈은 자국민의 수보다 더 많은 애국심으로 가득 찬 해외 동포를 자랑하는 국가입니다. 또한 1932년부터 1968년까지 36년에 걸친 살라자르[Salazar] 독재 정권과 피 한 방울 흘리지 않고 군사 정권을 무릎 꿇린 카네이션 혁명(1974년)으로 기억되는 나라이기도 합니다. 이때 앙골라, 모잠비크와 같은 식민지들도 함께 독립을 했죠. 참고로, 영토가 세계에서 다섯 번째로 큰 브라질의 독립(1822년)은 이보다 150년 정도 앞섭니다.

이런 다양한 모든 스토리들이 한[恨] 그리고 정[情]과 함께 영원히 구성진 목소리가 되어 전통 민요 파두 속에서 살아 숨 쉬지 않을까 합니다. 포르투갈의 추억을 떠올리니 리스본 파두박물관 앞에 파리한 불빛으로 묘한 분위기를 연출하던 광장의 밤이 떠오릅니다. 굽이치던 좁은 골목길 사이에서 파두의 멜로디가 흘러나오는 듯한

이근철의 고품격 컬처 수다
교양의 발견

환상에 행복해집니다.

지금까지 포르투갈의 다양한 역사를 통해 전통 민요 파두의 구성진 목소리에 한의 정서가 스며들게 된 이유들을 살펴보았습니다. 포르투갈을 찾으신다면 파두의 멜로디에 꼭 한번 취해보시기를 권합니다.

❶ 포르투갈은 한(恨)과 정(情)이 서린 전통 민요 파두를 통해 소박함과 강인함을 동시에 느끼게 하는 나라입니다.

❷ 포르투갈은 또, 대항해 시대에 항구^{port} 역할을 하며 세계 전역에 다양한 문화도 함께 전했습니다.

· 어록의 발견 ·
카몽이스의 명언을 영어로 표현해볼까요?

땅이 끝나는 곳에서 바다가 시작되나니.
Where the land ends, the sea begins.

삶의 궁극적인 가치는 단지 생존하는 데 달린 것이 아니라
'자각'과 '사색'의 힘에 달려 있다.
_____
아리스토텔레스(그리스)

생각의
걸음걸이

철학을 따로 공부하지 않았어도 철학자 하면 우리는 어렵지 않게 세 명을 떠올립니다. 소크라테스와 그의 제자였던 플라톤, 그리고 플라톤의 제자 아리스토텔레스까지 말이죠. 그런데 지금으로부터 무려 2,500년 전, 그것도 그리스라는 작은 나라 출신 철학자들의 이름이 어떻게 현재까지 널리 기억되고 있는 것일까요?

그 전에 한 가지 질문을 더 드립니다. 철학이란 도대체 무엇을 연구하는 학문일까요? 사실 철학의 연구 범위는 너무나 다양합니다. 분야 또한 시간이 흐를수록 점점 더 세분화되는 경향을 띠고 있죠. 오늘날에는 역사철학, 수리철학, 분석철학, 과학철학, 법철학, 종교철학 등등 머리가 어지러울 만큼 세분화되고 복잡해지고 있는 게 현실입니다. 그러나 철학哲學이라는 단어 자체를 살펴보면 뜻밖에 간단명료하게 정리할 수 있는데요, 바로 '밝고 슬기로운 것(哲)'을 '배우는(學)' 게 철학이라는 것이죠. 이는 영어 단어에서도 거의 동일합니다. '지혜(soph)'를 '사랑하는(philo)' '것(y)'이 바로 필로소피philosophy, 철학인 것이죠. 다시 말해, 인간이 슬기롭고 지혜로워지기 위해 생각하고 행동하는 모든 것들을 철학이라고 생각하면 이보다 더 간단명료한 정의도 없을 겁니다.

고대 그리스의 철학자들은 바로 이 점을 잘 알고서 자신만의 방법으로 다른 사람들의 깨우침에 도움을 주려고 했는데요, "너 자신을 알라!"라는 말로 유명한 소크라테스는 정규교육을 따로 받지 않았지만 질문을 통해 상대편으로 하여금 스스로 생각을 정리하고 깨우치도록 돕는 산파술産婆術이란 대화법을 즐겨 사용했습니다. 플라톤은 이데아idea라는 이상적인 세계를 설정하고, 이를 바탕으로 현실 세계를 연구하고 알아가려 노력했죠. 그는 최초의 대학교라 할 수 있는 교육기관 아카데메이아(또는 아카데미아Academia)를 세웠는데요, 오늘날 '학교, 학원'을 뜻하는 영어 단어 아카데미academy가 여기서 파생된 단어입니다. 그리고 열일곱 살에 플라톤의 제자로 들어왔지만 플라톤과는 다른 방식으로 이상과 현실의 중용이라는 자신만의 깨우침을 얻은 이가 바로 아리스토텔레스입니다.

고대 그리스에는 수학, 수사학, 정치학, 윤리학 등 다양한 분야에 능통한 학자가 무수히 많았지만, 아리스토텔레스만큼 다양한 분야에 정통한 학자는 없다고 해도 과언이 아닙니다. 그는 앞서 말한 분야 말고도 시학, 논리학, 형이상학, 생물학, 의학, 분석학에 이르기까지 200여 편의 연구 결과물을 내놓아 해당 분야 발전에 이바지했습니다. 12세기 스콜라 철학 역시 그의 연구물을 종교적으로 해석하며 발전한 학문이죠. 한마디로 아리스토텔레스는 천재 중의 천재였던 것입니다.

그렇다면 아리스토텔레스는 어떻게 수많은 분야에서 골고루 좋은 결과를 낼 수 있었을까요? 그가 남긴 말을 보면 바로 답이 보입니다.

"삶의 궁극적인 가치는 단지 생존하는 데 달린 것이 아니라 '자각'과 '사색'의 힘에 달려 있다."

그는 인생의 가치를 생존을 위한 지식의 암기나 습득이 아닌, 스스로 깨닫고 계속해서 사유하는 힘을 키우는 데 두었습니다. 그래서 수많은 학문의 원리를 깨우치며 방대한 분야에 걸쳐 개척자가 될 수 있었던 것입니다.

아리스토텔레스는 그리스 북부의 작은 마을에서 태어나 열일곱 살에 아테네에 오기 전까지 의학을 공부했습니다. 그는 아테네에서 플라톤을 만나 그의 제자가 되었지만, 자신만의 사색으로 스승과는 전혀 다른 결과를 만들어내며 명성을 쌓게 됩니다. 그리고 이에 힘입어 마케도니아의 왕 필리포스 2세로부터 왕자의 교육을 부탁받습니다. 바로 기원전 4세기 대제국을 건설한 알렉산드로스 대왕의 스승이 된 것입니다. 알렉산드로스가 훗날 대제국을 이룩할 수 있었던 데에는 여러 가지 이유가 있겠지만, 그중 하나가 바로 열세 살 때부터 8년 동안 아리스토텔레스에게서 배웠던 다양한 학문의 힘이 아닐까 싶습니다.

알렉산드로스가 왕위에 오르며 아리스토텔레스는 다시 아테네로 돌아와 리시움Lyceum이라는 학교를 세웁니다. 리시움은 플라톤의 아카데메이아와는 많이 달랐는데요, 아카데메이아가 수학 연구에 중심을 두었다면, 리시움은 산책을 하며 대화를 통해 사색과 자각에 이르게 하는 과정을 중시했죠. 이는 오늘날 무엇이든 일단 열심히 외우고 학습하는 방법에 익숙해진 현대인들에게 시사하는 바가 큰데요, 단순한 기술을 넘어 깊은 사색과 깨달음이 있어야 진정한 전문가로 우뚝 설 수 있고, 내적으로도 흔들림 없는 행복감을 얻을 수 있기 때문입니다.

그런데 아리스토텔레스의 명언에 드러나는 인생의 가치에 대한 여러분의 기준은 어떤가요? 물론 정답이 없는 질문입니다. 각자 우선시하는 삶의 가치는 다양하니까요. 누군가는 돈을, 누군가는 명예를, 또는 지식을 중요하게 생각합니다. 하지만 바꿔 생각하면 정답이 있는 질문이기도 합니다. 우리가 꿈꾸는 가치의 종착역은 결국 '행복'으로 수렴되기 때문이죠. 행복하기 위해 돈을 벌고, 행복하기 위해 명예를 좇고, 행복하기 위해 지금 이 순간 이를 악물고 노력하는 것일 테니까요.

그렇다면 행복을 위한 사색은 어떻게 해야 할까요? '사색'이라는 단어가 거창해 보이지만, 어렵게 생각할 이유가 전혀 없습니다. 예를 들어 맛있는 식사를 할 수 있음에, 또 나의 건강을 챙겨주는 친구와 가족이 있음에 감사하는 마음과 생각 역시 행복을 위한 사색입니다. 마찬가지로, 파리의 예쁜 거리에 설레듯 서울의 거리도 외국인이 된 듯 똑같은 설렘으로 걷는다면, 그것 역시 행복을 위한 사색이지 않을까요?

저에게는 30년 넘게 몸에 밴 습관이 있습니다. 바로 산책하는 습관입니다. 저는 여행 간 도시의 멋진 공원이든 동네의 뒷골목이든 또는 사람이 붐비는 도심이든 직접 두 발로 걷는 것을 좋아합니다. 1시간에서 짧게는 10분이라도 하루도 거르지 않고 산책을 합니다. 왜냐고요? 산책을 하면 사색이 시작되고 행복감이 늘어나기 때문입니다. 이렇게 모든 것의 중심에 나의 행복을 두고, 사유하고 깨닫고 또 깨달은 바를 실천하는 것이 진정한 철학이 아닐까 저는 생각합니다. 나아가 다른 이들과 나누며 그들의 행복한 깨달음을 돕는다면 가장 멋지고 위대한 철학이 아닐까요? 이미 다들 잘하고 계시겠지만요!

KEY-POINT

❶ 알렉산드로스 대왕의 스승이자 다양한 학문의 기초를 확립한 아리스토텔레스의 힘은 바로 사색입니다.

❷ 모든 것의 중심에 행복을 두고, 깨닫고, 나누고, 타인을 돕는 것, 그게 가장 멋진 철학입니다.

신화, 민주주의, 국가 부도의 상관관계?

현재 유엔UN에서 인정한 정식 국가 수는 대략 200여 개국에 달합니다. 그럼 이 중에서 몇 개국이 정치체제로 민주주의를 채택하고 있을까요? 전체의 60퍼센트 정도에 해당하는 123개국이 민주주의, 즉 국민에게 국가의 주권이 있는 정치체제를 따르고 있습니다. 그렇다면 인류 역사상 처음으로 민주주의를 시작한 곳은 어디일까요? 네, 그리스입니다. 민주주의는 기원전 510년 그리스의 도시국가 아테네에서 시작되었고, 180년 정도 지속되었죠. 그런데 어떻게 고대 그리스는 지금도 인류 역사상 가장 합리적인 정치제도로 평가받는 민주주의를 2,500여 년 전에 실현할 수 있었을까요? 또 수학, 의학, 과학, 철학의 기본 틀을 마련한 엄청난 학자들을 배출한 그리스의 힘은 어디에서 비롯되었을까요? 그리고 수많은 문학작품과 영화의 모티브라고 해도 과언이 아닌 그리스 신화는 어떻게 생겨난 것일까요? 마지막으로, 이처럼 고대 문명의 발상지 중 하나이자 오랜 시간 풍성한 문화를 발달시켜온 그리스가 어떻게 국가 부도 사태를 두 번이나 경험하게 되었을까요?

여러 가지 질문이 한꺼번에 나왔지만, 사실 이 질문들에 대한 답은 서로 깊게 연관되어 있는데요, 여기서 잠깐 가정을 하나 해보겠습니다. 만일 여러분이 친구들과 함께 무인도에 고립되었다고 생각해보세요. 꽤 크기는 한데 바위섬이라 사냥을 하거나 농작물을 기르기도 쉽지가 않은 섬에 말입니다. 다행히 물고기 같은 해산물은 언제든 사냥해 섭취할 수 있고, 다양하지는 않지만 먹을 수 있는 열매들도 어렵지 않게 구할 수 있습니다. 이런 상황이라면 생존에 대한 걱정은 줄어들 테니 친구들과 함께 차근차근 그다음 일들을 계획해나가지 않을까요? 그런데 만일 이런 섬들 수천 개가 모여서 하나의 국가가 형성된다면 어떨까요?

그리스는 2,000여 개 섬으로 이루어진 도서 국가입니다. 실제로 사람이 거주하는 섬은 200개 정도에 불과하며, 현재 그리스 전체 인구 중 40퍼센트는 아테네에 살고 있죠. 전체 면적은 대한민국보다 30퍼센트 정도 더 크지만 대부분 돌산에 가까운 산악 지형입니다. 이런 지리적인 이유로 고대 그리스는 각 도시마다 독자적으로 정치·경제·문화가 발달할 수밖에 없었습니다. 이른바 도시국가인데요, 강력한 황제가 통치하는 중앙집권적인 전제군주정이 발달하지 못한 것도 이 때문이죠. 고대 로마에 아우구스투스, 마르쿠스 아우렐리우스와 같은 유명한 황제들이 많았던 반면, 고대 그리스는 황제의 이름보다 아테네나 스파르타와 같은 도시국가들의 이름이 더 익숙한 것도 이런 까닭입니다.

이처럼 그리스에서는 대규모 농경이 불가능했기에 잉여 생산에 따른 절대 소수의 지주나 권력자가 출현하기 쉽지 않았습니다. 자연스레 개개인이 소규모 어업과 농업을 통해 자급자족하는 비중이 높아 재정 자립도 역시 높을 수밖에 없었습니다. 그래서 실제 다른 도시국가와 전투가 벌어지면 국가의 군력보다는 개개인의 힘과 무기가 전체의 전투력이 되었죠. 그러니 당연히 전투를 승리로 이끈 일반 시민들이 목소리를 충분히 낼 수 있었고, 이것이 바로 민주주의의 기틀을 마련하는 밑거름이 되었던 것입니다. 같은 맥락에서 그리스의 신들을 보면 엄청난 힘을 가진 동시에 사랑, 질투, 배신, 후회와 같은 인간적인 모습을 보이는데요. 전지전능한 유일신이 아닌 약점 가득한 인간과 닮은 신들의 모습은 그리스인들의 실제 삶이 오랜 기간 투영된 결과물이라 할 수 있습니다.

또한 그리스인들은 온화한 지중해성 기후의 혜택으로 언제든 여유로운 대화를 즐길 수 있었는데요. 그것이 토론으로, 나아가 학문으로까지 이어진 것이죠. 다시 말해, 그리스 시민들의 대화와

토론 습관이 없었다면 다양한 분야의 학문 발달은 불가능했을 겁

니다. 더불어 이런 개개인이 갖는 행복을 유지하기 위해서는 힘의

균형이 중요하다는 것을 알았기에, 도자기 파편에 참주(僭主)가 되려

는 야심을 품은 사람의 이름을 써 내게 해서 일정 표 이상을 얻은

자를 정해진 기간 동안 추방했던 도편추방제(기원전 487년 클레이스

테네스가 제안)까지도 시행했던 것이죠. 오늘날의 국민소환제와 같

은 제도를 이미 2,500여 년 전에 시행했었다는 사실이 그저 놀라울 따름입니다.

한편, 그리스를 여행한 이들이 공통적으로 느끼는 것이 있습니다. 식당, 편의점 및 공공 기관과 같은 곳에서의 업무 속도가 상상을 초월할 만큼 여유롭다는 점입니다. 실제로 한국 같으면 5분이면 끝날 일이 1시간씩 걸리는데요. 이는 그리스의 기후와 밀접한 연관이 있습니다. 그리스는 1년에 250일 이상이 맑은 날씨로 전 세계에서 가장 일조량이 높은 나라 가운데 한 곳이죠. 밖에 나가면 언제든 신선한 해산물을 접할 수 있을 만큼 먹을거리가 풍부하니 근심 걱정이 줄어들 수밖에요. 한마디로 좋은 기후가 성격을 느긋하게 만드는 것입니다. 결국 그리스인들은 무엇인가를 급하게 빨리 이루어내야 할 이유가 별로 없습니다. 무엇보다 2,500년 이상 지속된 습관이니 고치고 싶어도 고칠 수도 없을 테고요. 따라서 국민들의 사고방식 자체가 사회 기반 시설의 건설이나 대의를 위한 희생보다는 개인의 행복과 복지에 훨씬 더 관심이 높을 수밖에 없습니다. 현재 EU에서 자살률과 이혼율이 가장 낮은 나라라는 점이 이를 증명하죠.

하지만 빛이 있으면 그늘이 있듯, 이런 느긋함이 그리스를 두 번이

나 국가 부도로 내몬 원인 중 하나가 아닌가 생각됩니다. 실제로 현재 전쟁이나 교전 상황에 있는 나라를 제외하고 그리스의 실업률은 세계 최고를 기록하고 있습니다.

마지막으로, 그리스 경제의 80퍼센트는 관광업과 서비스업이 차지하고 있고, 농업은 4퍼센트에 불과합니다. 국민 1,100만 명보다 많은 1,600만 명의 관광객이 해마다 그리스를 찾고 있습니다.

KEY-POINT

❶ 그리스의 자연환경이 개개인의 자립도를 만들어주었고, 이것이 민주정치의 기틀이 되었습니다.

❷ 그리스 신화의 신들과 영웅들은 절대적인 신이 아닌, 약점으로 가득한 인간의 모습과 닮아 있습니다.

· 어록의 발견 ·

아리스토텔레스의 명언을 영어로 표현해볼까요?

삶의 궁극적인 가치는 단지 생존하는 데 달린 것이 아니라 '자각'과 '사색'의 힘에 달려 있다.

The ultimate value of life depends upon awareness and the power of contemplation rather than upon mere survival.

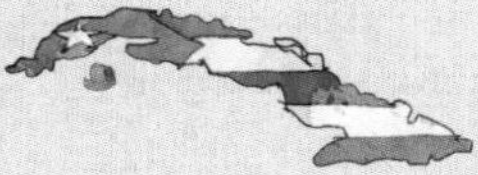

혁명이란 다 익으면 떨어지는 사과가 아니다.
그 사과를 떨어지게 만드는 것이 바로 혁명이다.

체 게바라(쿠바)

단단하게 굳어진 일상을 바꿀 수 있다면

만일 지금 여러분에게 안정된 의사의 길과 가시밭 같은 혁명가의 길이 동시에 주어진다면 무엇을 선택하겠어요? 사람마다 상황마다 다르겠지만, 대개는 언제 위험한 상황에 빠질지 모르는 혁명가의 길보다는 다른 이의 아픔을 치유하는 보람을 느끼면서 경제적으로도 여유를 누릴 수 있는 의사로서의 길을 선택하지 않을까 합니다.

그런데 의사의 길을 과감하게 포기하고 혁명가의 삶을 선택한 사람이 있습니다. 그것도 조국이 아닌 다른 나라의 혁명 선봉에 서서 죽음을 두려워하지 않는 용기로 혁명을 성공으로 이끈 인물이죠. 바로 전 세계 젊은이들에게 도전과 혁명의 아이콘으로 자리 잡은 체 게바라입니다! 도대체 무엇이 그를 의사가 아닌 혁명가의 길로 이끌었을까요?

아르헨티나의 중산층 가정에서 태어나 부에노스아이레스 의과대학을 졸업하고 의사가 된 에르네스토 체 게바라^{Ernesto Che Guevara}

(1928~1967년). 그는 피델 카스트로[Fidel Castro](1926~2016년)와 함께 쿠바 혁명을 승리로 이끌고, 카스트로를 잇는 2인자로 쿠바의 법무 장관 및 중앙은행 총재를 맡았던 인물입니다. 39세의 젊은 나이에 사망했지만, 그가 지금까지도 도전과 혁명의 상징으로 자리 잡게 된 데에는 크게 두 가지 이유가 있습니다.

첫째는 어머니 셀리아[Celia]의 문학과 사상에 대한 관심과 열정이 어렸을 때부터 그에게 커다란 영향을 주었다는 점입니다. 이는 그가 라틴아메리카를 여행하고 혁명을 준비하던 시기에 어머니에게 썼던 편지에서 잘 드러납니다. 체 게바라는 어머니에 대한 믿음과 사랑뿐만 아니라 자신이 처한 현실과 생각, 앞으로의 결심에 대해서도 공유할 만큼 어머니에게 신뢰가 깊었습니다. 훗날 태어난 딸의 이름도 어머니의 이름을 따서 지을 정도였죠.

둘째는 혼자 떠났던 4,500킬로미터의 모터사이클 여행(1950년)과 이듬해 여섯 살 많은 친구 알베르토[Alberto Granado]와 함께했던 8,000킬로미터의 남미 대륙 여행이 삶과 세상을 바라보는 그의 눈을 바꿔주었습니다. 체 게바라는 페루의 나환자를 대상으로 의료 봉사를 하며 빈곤과 질병에 힘겨워하고 있는데도 국가에서 아무런 도움도 받지 못한 채 버려진 서민들의 실상과 맞닥뜨

립니다. 또 칠레의 광산 노동자들을 접하며 강대국의 착취에 시달리는 남미 국가들의 충격적인 현실을 들여다보게 되죠. 이런 다양한 경험들이 결국 그를 의사가 아닌 혁명가의 길로 이끌었는데요, 체 게바라는 의료 활동을 할 때도 나환자들과 직접 접촉하며 그들에 대한 편견을 없애려 노력하고, 혁명 운동을 할 때도 언제나 죽음을 각오하고 전투의 맨 앞에 서서 많은 싸움을 승리로 만들어냈습니다. 즉, 그의 철학은 머릿속 생각으로만 머물지 않고 실제 행동으로 바로바로 실천되었다는 뜻입니다.

그렇다면 혁명은 강력한 의지, 명민한 두뇌, 막강한 실행력을 갖춘 뛰어난 사람들의 전유물일까요? 아닙니다. 평범한 그 누구나 혁명가가 될 수 있습니다. 정치체제만이 아니라 습관화된 하루를 뒤집어엎는 것도 혁명이기 때문입니다. 단단하게 굳어진 일상을 변화시킬 수 있다면, 그것이야말로 진정한 혁명이 아니고 무엇이겠습니까!

실제로 우리 주위에는 많은 혁명가가 있습니다. 1년에 90만여 명이 찾는 한려해상국립공원의 외도 보타니아에 가본 적이 있나요? 외도 보타니아는 3,000종이 넘는 열대 수목들이 테마별로 심어져 있어서 섬을 걷다 보면 마치 지중해에 와 있는 듯한 느낌에 사로잡히는 아름다운 섬입니다. 그런데 이 섬은 1969년 낚시를 왔다가 풍랑에 발이 묶인 이창호 씨가 섬을 사들이고 한 그루 두 그루 나무를 심으면서 지금의 아름다움을 갖추게 된 것이라고 합니다. 귤 농사와 돼지 농사에 실패한 후 부인과 함께 자연의 순리에 따라 20년에 걸쳐 차근차근 매일의 작은 실천으로 섬을 가꿔 지금은 누적 방문객이 무려 2,000만 명을 넘는 관광 명소가 되었죠.

몇 해 전 제주도의 '환상숲곶자왈' 공원을 찾았다가 그곳에서도 혁명가 한 분을 뵙게 되었어요. 환상숲곶자왈은 용암이 분출해 이뤄진 현무암 지형에 덩굴식물이 뒤섞여 사람의 진입도 힘든 버려진 천연 원시림이었습니다. 하지만 지금은 겨울에도 푸르른 나무와 꽃을 구경할 수 있는 700미터가 넘는 힐링 코스가 관광객을 불러 모으고 있죠. 이렇게 버려진 숲을 아름다운 공원으로 탈바꿈시킨 이는 바로 서울에서 직장 생활을 하다가 뇌경색으로 반신마비가 되었던 이형철 씨입니다. 그는 가족과 함께 4년에 걸쳐 중장비도 없이 매일매일 조금씩 손으로 산책 코스를 만들어 이곳을 치유의 숲으로 변화시켰습니다. 더욱 놀라운 것은 반신마비로 제대로 걷지도 말하지도 못하던 그가 현재는 건강하게 숲 해설가로 활동하며 감동을 주고 있다는 겁니다. 일상 속에서의 작지만 꾸준한 실천이 건강에 혁명과도 같은 기적을 선물한 것이 아닐까요?

혁명은 사회에 거대한 변화를 이끌어 내지만, 사실 첫 시작은 전혀 놀랍지도 대단하지도 않습니다. 체 게바라도 처음부터 혁명가는 아니었습니다. 다양한 경험을 통해 열심히 배우고 알아가며 스스로를 성장시켰기에 비로소 혁명을 이뤄낼 수 있었던 것이죠. 한 그루 나무를 심고, 한 포기 꽃을 가꾸듯이 말입니다.

우리는 날마다 똑같은 현실에 답답한 한숨을 내쉽니다. 그러나 진정으로 삶의 혁명을 꿈꾼다면 지금 당장 작고 사소하게 여겨지는 일이라도 새롭게 시작해야 합니다. 1분 제자리 뛰기, 하루 한 명에게 '힘내라'는 문자 보내기처럼 특별한 결심을 하거나 많은 시간을 들이지 않고도 당장 시작할 수 있는 그런 변화 말이죠. 만일 작은 변화에서 재미가 느껴지면 설렘이 생기고, 그 설렘이 변화를 계속할 수 있는 꾸준한 에너지를 주게 됩니다. 그리고 그것이 결국 스스로를 바꾸는 진정성 있는 혁명이 되는 게 아닐까 생각합니다. 참고로, 체 게바라의 본명과 쿠바에서 20년을 살았던 세계적인 작가 헤밍웨이의 이름 모두 '진정성'

을 의미하는 어니스트^{Ernest}인데요, 우리도 오늘 하루 작지만 진 정성 가득한 삶의 혁명을 실천해보면 어떨까 합니다.

KEY-POINT

❶ 도전과 혁명의 아이콘 체 게바라의 인생 전환은 그가 선택한 남 미 여행에서 시작되었습니다.

❷ 그 어떤 엄청난 혁명이나 기적도 결국 자그만 생각과 행동의 변 화에서 비롯됩니다.

50년의 시간이 멈춰버린 타임캡슐

참 특이한 곳이 있습니다. 웅장한 바로크풍 건물들에 둘러싸인 광장에 서면 분명 스페인의 어느 도시에 있는 느낌입니다. 하지만 광장 뒤편 골목으로 들어서면 굶주린 동물처럼 뼈대가 드러난 벽과 녹이 빨갛게 슨 경첩에 걸려 기우뚱 서 있는 낡은 가정집 대문이 보입니다. 그리고 뜨거운 햇살이 파고든 창문 안으로 까맣게 탄 할아버지의 주름진 얼굴에서 도시의 이야기가 들려오는 듯합니다. 한가한 도로에는 단번에 시선을 사로잡는 우아한 자태의 클래식 자동차들이 할리우드 영화의 한 장면처럼 줄지어 서 있습니다. 맞은편 모퉁이 카페에는 내 안에 숨어 있는 리듬을 깨워주는 라틴음악이 시원 상큼한 칵테일 속으로 녹아듭니다. 바의 긴 테이블 한쪽에는 앉아 있는 모습의 헤밍웨이 동상이 있습니다. 사람들은 헤밍웨이의 글귀와 라틴음악의 음표가 절묘하게 섞인 듯한 차가운 모히토를 홀짝이며 도시의 열기를 잠시 잊습니다. 웅장, 퇴락, 쓸쓸함, 경쾌함, 열정, 화려함이 모두 타임캡슐에 담겨 있는 듯 느껴지는 이곳은 삶의 여러 단면들이 다양한 감정을 동시에 펼쳐 내는 곳입니다.

사실 방금 말씀드린 장면은 제가 쿠바를 여행하며 느꼈던 것들입니다. 그래서 여러분의 가슴에 크게 와 닿지 않을 수도 있습니다. 하지만 이런 풍경들의 기원을 천천히 거슬러 올라가면 쿠바의 역사와 그 맥을 같이한다는 것을 알게 됩니다.

쿠바는 인구수 1,100만 명에 우리나라보다 10퍼센트 정도 면적이 더 큰 나라입니다. 1492년, 스페인 여왕 이사벨라의 후원으로 금과 향신료, 그리고 포교를 위해 항해를 떠난 이탈리아 출신의 탐험가 콜럼버스가 처음 쿠바를 발견했을 당시, 이 아름다운 낙원에는 10만여 명의 원주민(타이노족)이 평온한 삶을 살고 있었습니다. 그러나 콜럼버스가 쿠바를 스페인의 영토로 선포하고, 1514년 스페인의 벨라스케스Velazquez가 쿠바 전역을 정복한 뒤 불과 100년 만에 원주민은 10분의 1로 줄어들게 됩니다. 하루하루 이어지는 고된

이근철의 고품격 컬처 수다
교양의 발견

노동과 유럽에서 유입된 각종 질병에 면역이 없어 셀 수도 없이 목숨을 잃었던 것이죠. 그러나 백인들에게 쿠바 원주민의 목숨은 단지 생산수단 그 이상도 이하도 아니었습니다. 백인들은 줄어든 원주민 노동력을 대체하기 위해 아프리카에서 값싼 흑인 노예를 수입해 와서 사탕수수 농장과 담배 농장에 몰아넣었죠.

참고로, 본래 스페인 통치자들이 와인 생산을 위해 '포도계곡'이라 불렀던 곳은 포도가 아닌 담배 농사에 적합한 곳이었는데요, 지금은 윈스턴 처칠, 존 F. 케네디, 어니스트 헤밍웨이, 체 게바라가 사랑했던 세계 최고의 시가cigar를 만들어내는 명산지로 유명합니다.

1492년부터 1898년까지 400년 넘게 스페인의 통치를 받는 동안 쿠바는 과거와 전혀 다른 곳이 되었습니다. 쿠바는 현재 스페인어를 모국어로 사용하며, 인구의 65퍼센트가 백인 가톨릭 신자입니다. 백인과 흑인 사이에서 태어난 혼혈 인종(물라토)과 백인과 원주민 사이에서 태어난 혼혈 인종(메스티소)이 전체 인구의 25퍼센트를, 나머지 10퍼센트를 아프리카계 순수 흑인이 구성하고 있죠. 400년의 스페인 통치가 쿠바를 유럽 문화와 원주민 문화, 흑인 문화가 절묘하게 결합되어 특이한 요리와 다양한 음악이 넘쳐흐르는 곳으로 만든 것입니다.

하지만 반면, 스페인의 가혹한 통치 기간 동안 쿠바인들은 항쟁을 멈추지 않았습니다. 대표적으로 원주민들이 반란(1528년)을 일으켰고, 노예 노동에 시달리던 흑인들이 반란(1812년)을 일으켰죠. 10년 동안(1868~1878년)의 전쟁으로 독립이 이루어지는 듯도 했습니다. 하지만 스페인의 거짓말과 약속 불이행으로 다시 전쟁이 반복되었고, 이런 피가 마르지 않는 나날은 시인이자 혁명가였던 호세 마르티Hose Marti(1853~1895년)와 같은 많은 국민 영웅들을 탄생시키기도 했습니다. 그리고 마침내 1898년 미국의 전함 메인호에서 발생한 폭발 사건으로 미국과 스페인이 전쟁을 벌였고, 쿠바는 전쟁에서 패한 스페인으로부터 독립을 이루게 됩니다.

참고로, 이때 스페인은 괌과 푸에르토리코를 미국에 이양하고 필리핀도 2,000만 달러에 넘기게 됩니다. 정작 해당 국가는 목소리 한번 내지도 못한 채 말이죠. 마찬가지로 쿠바는 형식적으로는 독립을 이뤘지만, 경제적으로는 미국에 철저하게 의존하는 속국 형태로 전락했습니다. 미국은 쿠바의 대통령 선출에 깊숙이 관여하며 1950년대까지 쿠바를 경제 식민지로 삼았죠.

이 시기에 미국으로부터 많은 문화가 전해졌습니다. 미국인의 스포츠 야구가 전해져 오늘날 쿠바를 야구 강국으로 만들었고, 미국의 재즈와 쿠바의 토속 음악이 합해져 살사와 같은 춤곡이 탄생했으며, 호텔과 바를 중심으로 미국의 자유분방한 문화가 자리를 잡게 되었습니다. 하지만 기형적인 경제 식민지 구조는 정치권의 음모와 살해, 극심한 부패를 낳았고, 국민들은 피폐한 경제생활을 이어갈 수밖에 없었습니다.

이에 현실을 바꾸려는 다양한 노력들이 이어졌습니다. 1952년 피델 카스트로는 농지 개혁과 세금 감면 등을 공약으로 하원 의원 선거에 출마하려 했지만, 바티스타Batista의 쿠데타로 선거가 무산되자 이듬해 반란을 일으켜 체포돼 투옥됩니다. 1955년에 풀려난 카스

트로는 멕시코로 망명을 떠났는데요, 바로 그곳에서 체 게바라를 만나게 됩니다. 이미 잘 알려졌다시피 쿠바를 비롯한 남미 혁명에 의기투합한 두 사람은 쿠바의 밀림 속에서 게릴라 활동을 벌이기 시작했고, 1959년 마침내 혁명에 성공해 정권을 잡게 되죠.

카스트로는 대지주의 농지를 국유화하고, 사탕수수, 석유와 관련된 모든 외국 기업 역시 국유화합니다. 이에 미국은 CIA를 동원해 피델 카스트로를 암살하려고 했으나 실패로 돌아가고, 이후 50년 넘게 강력한 경제 봉쇄를 시행합니다. 미국과 쿠바가 말 그대로 가깝고도 먼 나라가 된 것입니다. 쿠바의 1950년대 클래식 자동차와 재즈 시대의 공연 문화가 과거로 시간 여행을 떠난 것처럼 그대로 보존된 까닭이 바로 미국의 경제 봉쇄 때문이었던 거죠. 쿠바는 현재도 경제 봉쇄의 영향에서 벗어나 국내 물가를 통제하기 위해 외국인용 화폐^{CUC}와 내국인용 화폐^{CUP}를 따로 만들어 운영하고 있습니다.

끝으로, 쿠바 하면 세계적인 작가 헤밍웨이가 떠오르는데요, 헤밍웨이는 20년 동안 샌프란시스코 드 파울라에 살면서 《노인과 바다》와 《누구를 위하여 종은 울리나》를 비롯한 명작들을 완성해 노벨 문학상(1954년)의 영광을 거머쥘 수 있었습니다. 실제로 수도 아바나에서 차로 30분 거리에 있는 '작은 바다'라는 뜻의 코히마르

Cojimar 항구에 가면 《노인과 바다》의 영감을 얻었던 부두와 헤밍웨이를 기리는 기념상을 만나 볼 수 있죠. 그 밖에도 헤밍웨이가 집필 작업에 몰두했던 아바나 시내의 '두 개의 세상' 이라는 뜻의 호텔 암보스 문도스Ambos Mundos나 즐겨 찾았던 칵테일 바 플로리디타 Floridita ('꽃' 이라는 뜻)에서도 그의 자취를 느낄 수 있을 겁니다.

KEY-POINT

❶ 쿠바는 스페인의 웅장함, 미국의 자유분방함, 원주민의 토속 음식, 흑인의 긍정 문화가 어우러진 나라입니다.

❷ 쿠바는 타임머신을 타고 50년 전으로 돌아가면 볼 수 있는 모든 것들이 그대로 보존되어 있는 곳입니다.

· 어록의 발견 ·

체 게바라의 명언을 영어로 표현해볼까요?

혁명이란 다 익으면 떨어지는 사과가 아니다. 그 사과를 떨어지게 만드는 것이 바로 혁명이다.

The revolution is not an apple that falls when it is ripe. You have to make it fall.

내일 죽을 것처럼 살고, 영원히 살 것처럼 배우라.

간디(인도)

영원히 살 것처럼
배우다

작달막한 키에 삐쩍 마른 몸, 천진난만한 미소를 짓는 둥근 얼굴과 동그란 안경, 무언가에 집중하는 진정眞情어린 눈빛과 스스로 물레를 돌려 지은 하얀 천을 몸에 두른 모습까지 한데 연결하면 누군가가 떠오르지 않나요?

인도의 10루피에서 2,000루피까지 다섯 종의 지폐에 모두 얼굴이 새겨진 유일한 인물이며, 그의 생일인 10월 2일은 인도의 국경일이자 '국제 비폭력의 날'로 지정되어 있기도 합니다. 그만큼 인도에서는 그 누구와도 비교 불가할 정도로 소중하고 무게감이 있다는 뜻일 텐데요, 누구인지 짐작이 가죠? 네, 본명인 모한다스 카람찬드 간디Mohandas Karamchand Gandhi보다 '위대한 영혼'이라는 뜻의 마하트마Mahatma로 불리며 세계인에게 존경을 받는 간디Gandhi(1869~1948년)입니다. 비폭력 무저항 운동으로 인도를 영국에서 독립시키는 데 결정적인 역할을 해 '인도의 아버지'라고도 불리는 인물이죠.

간디는 실제로 남아프리카공화국의 넬슨 만델라, 티베트의 달라이 라마, 미국의 인권 운동가 마틴 루서 킹 주니어, 천재 과학자 알베르트 아인슈타인, 비틀스의 존 레논, 스마트폰 창시자 스티브 잡스, 그리고 전 미국 대통령 버락 오바마까지 전 세계의 수많은 유명 인사들이 자신의 멘토로 언급하는 인물입니다. 이쯤 되면 위인 중의 위인이라고 불러도 과언이 아닐 텐데요, 그는 언제부터 세계적인 위인이 될 떡잎을 보였을까요? 또 그가 남긴 명언처럼 그는 늘 배우는 것을 좋아했을까요?

1869년 간디는 인도 북부의 작은 자치주 장관이던 아버지와 부유한 집안 출신의 어머니 사이에서 막내로 태어났습니다. 어릴 적부터 눈에 띄지 않을 정도로 조용하고 내성적인 성격의 아이였죠. 뛰어남이라고는 찾아볼 수 없는, 아니 오히려 조금은 뒤떨어져 보이는 소년이었습니다. 체육에는 소질이 전혀 없었고, 구구단을 외우기 힘들어할 정도로 학업에도 그다지 소질을 보이지 못했죠. 간디는 대학교도 가까스로 들어갔는데요, 본인은 흥미를 느끼지 못했지만 아버지의 도움으로 변호사가 됩니다. 여기까지만 보면 수많은 위인들의 멘토라는 사실이 믿기지 않을 정도인데요, 게다가 젊은 시절의 간디는 힌두교에서 금지하는 흡연과 육식을 즐기고, 형제들과 하인들의 주머니에서 몰래 돈을 훔쳐 향락에 쓰기까지 했습니다. 우리가 알고 있는 간디와는 전혀 다른 인생을 살아가고 있었죠. 그렇다면 그의 내면에 내재돼 있던 위대한 영혼은 언제부터 깨어나기 시작했을까요?

열여섯 살 때 아버지를 여읜 간디는 아내와 함께 변호사 자격증을 따기 위해 영국 런던으로 떠납니다. 그러나 영국 유학 중에 사랑하던 어머니마저 돌아가시고 말았죠. 인도로 돌아온 간디는 뭄바이에서 변호사 사무실을 열었지만 영국 장교의 탄원서 처리를 잘못하는 바람에 문을 닫아야 했습니다. 이후 고등학교 선생님으로 일하려 했지만 이마저도 거절당하죠.

인도에서 제대로 된 일자리를 얻기 어려웠던 간디는 한 법률 회사로부터 남아프리카의 지사에서 1년간 근무해달라는 제안을 받게 되는데요, 남아프리카공화국에 도착한 그는 인도에서는 한 번도 경험하지 못한 엄청난 차별을 겪게 됩니다. 남아공의 행정 수도 프리토리아Pretoria로 가는 열차에서 같은 칸에 타고 있던 백인의 항의로 일등석 표가 있는데도 쫓겨난 것이죠. 간디는 기차역에서 추운 겨울밤을 지새우며 앞으로는 그 어떤 부당함도 참지 않겠다고 결심합니다. 그리고 남아공에서 인도인들에게 가해지는 부당함을 개선하고자 지역단체를 조직하고 20년 동안 열심히 노력하죠. 그러는 동안 여섯 번이나 체포돼 투옥되고 가족들에 대한 백인들의 폭력과 위협을 겪기도 했지만, 간디는 인도인들에 대한 차별을 금지하는 '인도인 구제법'을 통과(1914년)시키는 등 불가능해 보였던 많은 일들을 해냅니다.

우리는 흔히 위인들은 위대하게 태어난다고 생각합니다. 물론 어렸을 때부터 두각을 나타내는 위인들도 당연히 있습니다. 하지만 간디의 경우처럼 한순간의 깨달음으로 인생이 바뀌는 경우도 많습니다. 게다가 천재성보다는 오히려 심각한 문제를 가지고 태어난 경우도 많죠. 예를 들어 스티브 잡스와 아인슈타인은 모두 엄청난 천재지만 심한 난독증 환자라는 공통점이 있습니다. 글을 읽기가 힘든 천재, 상상이 되십니까? 하지만 이들은 본인의 최대 약점을 최대 강점으로 바꿨습니다. 아인슈타인은 물리학과 우주 이론을 공식보다 그림으로 풀어내 정립하는 데 능숙했습니다. 스티브 잡스는 모든 컴퓨터 작업을 그림으로 처리하는 그래픽 사용자 인터페이스GUI를 표준으로 확립했죠. 현재 우리가 쓰고 있는 컴퓨터와 스마트폰의 작업은 모두 이 방식으로 이루어집니다.

그럼 간디의 깨달음은 인종 차별에 따른 우연한 변화였을까요?

아닙니다! 간디의 내면에는 그의 어머니가 어린 시절부터 불어넣었던 정직, 성실, 금욕, 배려의 철학이 그대로 녹아 있었습니다. 이런 배움이 차별이란 경험을 통해 발아해 거침없이 나환자의 병든 몸을 씻기고, 영국의 부당한 세금에 반대하며 400킬로미터를 걷는 비폭력 시위의 원동력이 된 것입니다(1930년 소금 행진). 힌두교와 이슬람교의 화합을 위해 단식을 단행하고, 민주주의 의회의 설립을 위해 죽음의 단식까지 시도할 힘을 그에게 주었던 것이죠.

우리는 10년 뒤의 자신을 상상하고는 합니다. 내 삶의 변화된 모습을 상상하며 지금보다는 조금이라도 더 나은 미래를 꿈꿉니다. 그러나 미래의 모습을 군이 상상할 필요가 있을까요? 왜냐하면 오늘 내가 가장 많이 생각하고 또 가장 자주 하는 행동만 살펴도 충분히 알 수 있기 때문입니다. 오늘의 내 모습이 곧 10년 또는 20년 뒤의 내 인생과 거의 다르지 않다는 뜻입니다. 지금 내게 없는 습관이 10년 뒤에 생길 가능성은 거의 제로일 테니 말이죠.

그런 점에서 "영원히 살 것처럼 배우라"는 간디의 말처럼 오늘 하루의 나에 주목해야 합니다. 보다 나은 내가 되기 위해 지금이 순간 노력하고 새로움을 배워야 합니다. 이때의 배움이란 학교에서의 배움도, 내게 주어진 숙제 같은 의무도 아닙니다. 내가 살아서 깨어 있고 또 존재하는 기쁨을 영원히 맛볼 수 있게 해주는 값진 기회라는 뜻입니다.

한 걸음 더 나아가, 깨달음을 위한 노력이 없으면 내일 죽을 것처럼 열심히 살 수도 없습니다. 따라서 "내일 죽을 것처럼 살라"는 말에 담긴 진정한 의미는 매 순간 무조건 최선을 다하자는 게 아닌, 내가 진정한 행복을 느끼고 변화할 수 있는 시간은 단 1분, 또는 하루면 충분하다는 뜻이 아닐까요? 간디는 이러한 삶의 진실을 깨달았기에 마지막 죽음의 순간까지도 그 어떤 두려움 없이 종교의 화합과 인도 국민들의 깨달음을 위해 스스로를 불살랐던 것이 아닐까 싶습니다!

KEY-POINT

❶ 살아서 깨어 있고 존재하는 기쁨을 영원히 맛보게 해주는 값진 기회가 바로 배움입니다.

❷ 내일 죽을 것처럼 살라는 것은 진정한 행복을 느끼고 변화할 수 있는 시간은 단 1분이면 족하다는 뜻입니다.

이근철의 고품격 컬처 수다
교양의 발견

장르 불문, 흥 폭발

인도 영화를 본 적이 있으신가요? 1895년 프랑스의 뤼미에르 형제가 최초로 영화를 상영한 이래 인도에서는 지금까지 수많은 장르의 영화들이 선을 보였지만, 거의 모든 영화에 공통점이 하나 있습니다. 무엇일까요? 짐작한 분들도 있겠지만, 노래와 춤입니다. SF에서 역사, 액션, 그리고 로맨스 장르까지 춤을 추며 노래를 하는 장면은 거의 빠지지 않고 등장하죠. 그런데 '인도의 할리우드'라는 뜻으로 '볼리우드Bollywood(인도 뭄바이의 옛 이름 봄베이Bombay와 할리우드Hollywood의 합성어)'라고 불리는 인도 영화에는 과하다 싶을 만큼 이런 가무 장면이 반복적으로 등장합니다.

이는 인도의 오랜 역사·문화와 깊은 연관성이 있습니다. 인도에는 같은 나라 민족이라고 볼 수 없을 만큼 다양한 종족이 존재합니다. 영화배우들을 보면 서양인 같은 이목구비에 피부가 흰 이들이 많이 눈에 띄죠. 반면, 짙은 눈썹과 높이 솟은 콧날에 얼굴형이 유럽인 같지만 피부는 검은색에 가까운 이들도 많습니다. 그리고 간디처럼 왜소한 체구의 인도인들도 있죠.

종족이 다양한 만큼 언어 또한 다양한데요. 현재 인도는 공식어로 힌디어 Hindi language 를 사용하고 있지만 영어를 비롯한 준공식어가 22 종류나 됩니다. 게다가 645개의 다양한 부족에 2,000종류가 넘는 방언까지 존재하죠. 실제로 남부의 타밀어와 북부의 펀자브어는 한국어와 일본어의 차이만큼이나 서로 이해가 불가한 정도입니다. 참고로, 인도를 '인도유럽어족'이라고 부르는 것도 인도의 산스크리트어가 중동과 유럽 언어의 형성에 큰 영향을 끼쳤기 때문이죠.

인도의 역사는 기원전 1500년 지금의 러시아 남부와 카스피해 근처에 살던 흰 피부의 아리안족(철기 문화)이 인도 북부(펀자브) 지역으로 이주하며 시작되었습니다. 그들은 본래 이 지역에 살던 검은 피부의 피정복민인 드라비다족(청동기 문화)과 자신들을 구분하기 위해 피부 색깔로 계층을 구분하는데요, 성직자 계급인 브라만 Brahman 이 경전 베다 Veda 를 연구하며 제례 의식을 맡고, 전사와 귀족 계급이 그다음 계층인 크샤트리아 Ksatriya 를 이루고, 그 밑으로 상인과 농부에 해당하는 바이샤 Vaisya, 하인과 노예인 수드라 Sudra 로 계층을 나눈 것이죠. 이렇게 태어날 때부터 각자 맡은 역할이 있고, 그 역할에 맞게 충실히 살아야 참된 행복을 얻는다는 것이 바로 힌두교의 기본교리입니다. 이처럼 각각으로 나뉜 계층을 '색깔'이라는 뜻의 산스크리트어 '바르나Varna'라고 불렀는데요, 이것이 나중에 우리에게 익숙한 '카스트caste'라는 단어로 굳어진 것이죠. 참고로, 인도 항로를 처음 개척한 포르투갈이 카스트를 '혈통'이라는 뜻으로 처음 썼고, 이를 영국이 차용합니다.

아리안족의 카스트 문화는 시간이 흐르며 인더스강Indus River과 갠지스강Ganges River 중심의 인도 북부 지역에 널리 퍼져 자리를 잡게 됩니다. 반면, 인도 남부는 원주민인 검은 피부의 종족들이 여러 왕국을 이루며 흥망성쇠를 반복하게 되죠. 그래서 같은 인도라도 데칸고원을 기준으로 인도의 북부는 이목구비가 뚜렷한 아리안족의 후예가 많고(인도 전체 인구의 70퍼센트), 남부는 원주민인 드라비다족(25퍼센트)이 현재까지도 주류를 이루고 있는 것입니다.

인도를 최초로 통일한 것은 마우리아제국Mauryan Empire(140년간 지속)인데요, 마우리아제국 하면 제3대 왕인 아소카Ashoka를 빼놓을 수 없습니다. 바로 과거에 저지른 살생을 회개하며 불교에 귀의를 했기 때문이죠. 이로써 기원전 5세기 네팔 지역에서 시작된 불교가 번성하며 중국과 동남아시아로 전파된 것입니다.

오늘날 인도의 국기에는 24개의 살이 달린 동그란 바퀴가 그려져 있는데요. 이것이 바로 '진리, 법'이라는 뜻의 다르마dharma와 '바퀴'라는 뜻의 차크라chakra가 합쳐진 법륜法輪, 다르마 차크라Dharma Chakra입니다. 다르마 차크라의 다른 이름이 바로 아소카 차크라Ashoka Chakra죠. 인도는 1947년 영국으로부터 독립하며 이 법륜을 국기에 넣었는데요, 그만큼 인도의 중심 사상이라는 뜻일 겁니다. 참고로, 인도 국기에서 맨 위의 노란색은 힘과 용기를, 중간의 흰색은 진리와 평화를, 그리고 아래의 초록색은 성장과 좋은 기운을 의미합니다.

인도는 7세기까지는 굽타왕조가, 15세기까지는 여러 제국이 패권을 나누어 가졌습니다. 그리고 이후 19세기 중반까지 300년 넘게 무굴제국(이슬람)이 통치를 했죠. 이후 영국이 90년 가까이 인도를 식민지로 삼아 온갖 수탈을 자행하다가 제2차 세계대전 뒤 어쩔 수 없이 독립을 인정하게 됩니다. 이 과정에서 이슬람교 신도와 힌두교 신도의 종교적 충돌을 피하기 위해 이슬람교 신도가 많은 파키스탄이 인도에서 독립을 하게 되죠. 그리고 동파키스탄이 방글라데시로 다시 분리(1971년)됩니다. 참고로, 파키스탄은 독립할 때 카슈미르 지역(인도의 북서쪽 끝)을 함께 가져가려 했지만 실패했죠. 카슈미르의 요청으로 인도가 개입했기 때문인데요. 그래서 카슈미르는 지금까지 민감한 분쟁 지역으로 남아 있습니다. 고급 목도리의 소재로 많이 쓰이는 캐시미어가 바로 이 지역에서 생산되는 염소의 털로 짠 것입니다.

자, 여기에서 처음 질문으로 돌아가겠습니다. 인도 영화에는 왜 노래와 춤이 빠지지 않는 걸까요? 이 질문은 인도의 수많은 부족이 언어적 차이를 극복하고 함께 영화를 즐길 수 있는 방법은 무엇인가 하는 질문과 일맥상통하는데요. 저는 수천 년 동안 삶의 일부로 자리 잡은 힌두교의 제례 의식과 비슷한 노래와 춤이 가장 자연스러운 방법이 아닐까 추측해봅니다. 물론 제 생각보다 타당한 이유가 있다면 언제든 즐겁게 배우도록 하겠습니다.

인도는 숫자 0의 개념을 정립한 수학의 강국이자 과학, 의학, 철학, 종교의 원천지로도 유명한 나라입니다. 또한 유구한 역사만큼이나 다양한 음식과 향신료, 명상, 요가, 음악, 언어 등의 본산지로 유명하기도 하죠. 참고로, 우리가 쓰는 샴푸shampoo라는 단어는 '마사지하다'라는 뜻의 산스크리트어 참푸champu에서 온 것입니다. 이 밖에도 우리가 잘 알고 있는 수많은 지명, 인명, 물건의 이름이 인도의 산스크리트어를 어원으로 두고 있죠.

마지막으로, 인도 하면 거리를 자유로이 활보하는 소가 떠오르는데요, 힌두교가 퍼지기 시작한 히말라야 아래 북쪽 지대에서는 소를 정말로 소중한 동물로 여겼습니다. 중요한 영양소가 가득한 우유를 제공하고 논밭을 경작하는 데 필요할 뿐만 아니라, 분뇨까지 비료나 땔감으로 유용하기 때문이죠. 게다가 온순하기도 하니 귀하고 신성하게 여길 수밖에 없었을 겁니다. 참고로, 힌두교에서 대지의 여신 부미^{Bhumi}의 몸은 소의 형상으로 표현됩니다.

KEY-POINT

❶ 가무가 가득한 인도 영화를 보면 인도의 역사와 문화를 그대로 느낄 수 있습니다.

❷ 힌두교도와 이슬람교도의 유혈 사태를 막기 위해 영국은 인도와 파키스탄을 각각 분리 독립시킵니다.

· 어록의 발견 ·

간디의 명언을 영어로 표현해볼까요?

내일 죽을 것처럼 살고, 영원히 살 것처럼 배우라.

Live as if you were to die tomorrow. Learn as if you were to live forever.

Thinking

생각
좀
하자

대개 사람들은 볼 수 있는 것보다
볼 수 없는 것에 대한 걱정을 더 많이 한다.

율리우스 카이사르(이탈리아)

쓸데없는
걱정

이근철의 고품격 컬처 수다
교양의 발견

10억을 벌 수 있는 기회와 1억을 잃을지도 모르는 상황이 동시에 발생한다면, 여러분은 어떤 경우에 더 집중하겠습니까? 당연히 10억에 집중할 것 같지만, 실제로는 많은 이들이 1억을 지키는 결정을 하게 된다고 합니다. '기회'보다 '걱정'이 사람을 더 강하게 지배한다는 뜻이겠죠. "주사위는 던져졌다 The die is cast", "왔노라, 보았노라, 정복했노라 Veni, Vidi, Vici: I came, I saw, I conquered"라는 말로 유명한 고대 로마의 장군이자 집정관이었던 율리우스 카이사르 Julius Caesar(기원전 100~기원전 44년) 역시 이를 간파했던 것 같습니다.

물론 걱정도 당연히 필요합니다. 걱정은 인류가 수백만 년에 걸쳐 유전자에 각인시킨 메커니즘, 즉 강력한 생존 본능이니 말이죠. 앞날에 대한 걱정을 해야 미래를 미리미리 준비하고 예비할 수 있을 테니까요.

문제는 당장 사냥을 하지 않아도 굶어 죽을 일이 없는 오늘날입니다. 걱정의 메커니즘이 굳이 작동할 필요가 없는 평온한 상황에서도 현대인들이 습관적으로 걱정을 반복하고 있는 게 문제인 것이죠.

이런 데에는 여러 이유가 있을 겁니다. 수렵과 농사를 통해 먹을거리를 구해야 했던 과거에는 충분한 양의 노동이 필수였지만, 오늘날은 육체노동량이 현격하게 줄어들고 대신 머리를 많이 쓰게 되었습니다. 그만큼 머릿속이 복잡해졌다는 뜻입니다. 과거보다 사회가 복잡해진 탓에 신경 써야 할 일이 많아진 것도 큰 이유일 것입니다. 그런데 이때 정말 주의해야 할 것은 걱정에 매몰되는 경우입니다. '걱정의 학습화'라고 하면 맞을 듯합니다.

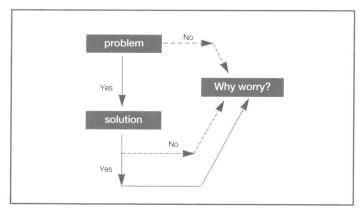

problems vs. solutions Then why worry?

앞의 표처럼 "인생에 문제가 있습니까?"라는 질문에 답을 해보면 걱정이 왜 쓸데없는 일인지를 잘 알게 됩니다. 만약 인생에 문제가 없다면(No), 결론은 "그런데 왜 걱정을 하세요(Then why worry)?"가 됩니다. 만약 인생에 문제가 있다면(Yes), 다음 질문이 나옵니다. "그럼 그 문제를 풀 해결책이 있나요?" 해결책이 있다면(Yes), 결론은 역시 "그런데 왜 걱정을 하세요?"가 됩니다. 문제의 해결책이 있으니 걱정할 이유가 없죠. 반대로 해결책이 없다면(No), 결론은 또 한 번 역시 "그런데 왜 걱정을 하세요?"가 됩니다. 해결책이 없다는 것을 알고 있는데 굳이 왜 사서 걱정을 하냐는 거죠!

결론적으로 걱정은 쓸데없는 경우가 대부분입니다. 실제로 우리를 사로잡고 있는 걱정의 실체는 크게 두 가지로 나눌 수 있습니다. 지나간 과거에 대한 걱정 반, 앞으로 일어날 것에 대한 걱정 반이죠. 중요한 건 내가 지금 걱정한다고 지나간 게 바뀌지도 않고, 또 미래도 바뀌지 않는다는 겁니다. 대개의 경우 걱정을 한다고 해서 문제에 대한 현명한 대책이 떠오르지는 않습니다. 오히려 걱정하는 데 소모되는 에너지를 도전 의식으로 바꾸어 자신감을 조금씩 높이면 의외의 묘안이나 해결책, 또는 소중한 경험을 할 수 있습니다! 그러니 걱정이 너무 많다면 방 청소를 하듯, 옷장을 정리하듯 훌훌 털어버려야 합니다. 걱정에도 먼지가 쌓이고, 곰팡이가 피고, 독소가 자라나니까요.

반대로, 걱정이 너무 없는 경우도 문제입니다. 정확히 말하면 "포기하면 걱정할 필요 없어", "포기하면 편해"와 같은 포기를 전제로 한, 즉 걱정하는 것마저 포기하는 경우를 말하는데요. "포기하면 편해"라는 말에는 하루하루 사는 게 힘겹고, 개인의 노력만으로는 바꾸기 힘든 절망스런 사회구조에 대한 냉소가 숨어 있을 것입니다.

그러나 아예 포기를 함으로써 생기는 걱정 없는 상태와 걱정에 매몰되지 않고 그 에너지로 자신감과 행복감을 높이는 것에는 엄청난 차이가 있습니다. 예를 들어, 손이 찢어져 꿰매야 하는 상황에서 내가 혹시 병에 걸려 죽는 것은 아닌지 걱정만 하는 태도도 문제고, 찢어진 곳을 외면하는 태도 역시 문제입니다. 지금 내가 당장 해야 하는 일은 병원에 가는 것이니까요.

걱정이란 어떤 경험을 통해 생겨나는 감정입니다. 걱정이 없다는 것은 경험의 폭이 좁다는 반증이죠. 이불 속에서만 머무는 사람에게 어떤 걱정이 있을까요? 사람은 무언가를 함으로써 보상을 얻게 됩니다. 이런 보상의 기쁨을 알기에 열정도 생기고, 문제를 정확하게 인식하기 위한 잠깐의 걱정도 생기는 것이죠.

이런 점에서 "대개 사람들은 볼 수 있는 것보다 볼 수 없는 것에 대한 걱정을 더 많이 한다"라는 카이사르의 말은 계속 걱정만 하는 대신 밖으로 나가 무엇이든 더 경험하는 일 자체를 즐거움으로 삼아야 한다는 뜻으로 확대해서 해석할 수 있지 않을까 합니다. '볼 수 없는 일(걱정)'이 아닌 '볼 수 있는 일(경험)'에 감사해하고 그런 자신을 대견하게 여긴다면 자연스럽게 걱정도 사라질 것이라고 말이죠!

요즘 걱정되는 일이 있나요? 만약 걱정을 해도 마땅한 답이 없다면, 걱정 좀 그만해도 됩니다. 해결책을 못 찾는 이유는 당신의 머리가 모자라서가 아닙니다. 안 될 만하니까 안 되는 것일 뿐입니다.

오히려 걱정을 하면 할수록 해결책은 더 멀리 달아날 수도 있습니다. 에너지와 시간을 걱정과 우유부단, 불가능한 일에 쓰면 우리의 두뇌는 그에 대한 답만을 내줄 뿐이기 때문이죠. 반대로, 똑같은 에너지와 시간을 설렘, 결단, 가능성에 쓰면 우리의 두뇌 역시 설렘, 결단, 가능성의 대답으로 우리를 가득 채워줍니다.

걱정을 털어버리려고 해도 마음처럼 잘 되지 않는다고요? 그럼 털어버리려는 마음 역시 일단 접어야 합니다. 대신 그냥 밖으로 나가 산책을 하거나 운동을 해보는 것은 어떨까요? 운동을 하면 땀과 노폐물이 배출되는데요, 또 하나 우리를 병들게 하는 아주 중요한 것도 배출됩니다. 바로 쓸데없는 걱정 말입니다. 꼭 기억하세요! 감정은 학습됩니다. 좋은 감정을 반복해서 학습하면 좋은 결과가 일어납니다. 마음이 복잡할 때면 마음을 붙잡고 늘어지지 말고, 반대로 놓아버리는 지혜가 필요합니다.

KEY-POINT

❶ 걱정의 반은 지난 일, 나머지 반은 앞으로의 일에 대한 것입니다. 걱정 대신 현재의 행복감에 집중해야 합니다.

❷ 감정은 학습됩니다. 걱정을 반복 학습할 시간에 희망, 즐거움, 자신감을 학습해야 합니다.

이근철의 고품격 쿼치 수다
교양의 발견

세계 최초의 글로벌 국가, 로마제국

율리우스 카이사르, 클레오파트라, 로마를 불사른 네로, 거대한 원형경기장 콜로세움과 스파르타쿠스와 검투사들처럼 2,000년 전의 고대 로마제국과 관련된 콘텐츠들이 지금도 전 세계인의 사랑을 받으며 영화나 드라마로 제작되는 까닭은 무엇일까요? 그리고 이탈리아를 여행하다 보면 곳곳에, 심지어 맨홀 뚜껑에도 SPQR이란 약자가 새겨진 것을 볼 수 있는데 과연 무슨 뜻일까요?

기원전 753년의 로마는 도망친 노예들이나 추방된 사람들, 심지어 살인자들까지 모여드는 열린 도시였습니다. 특히 노예도 일반 시민이 될 기회가 있었기에 금세 국제적인 도시로 성장할 수 있었죠. 그리고 7명의 왕이 통치하는 동안 북부의 에트루스칸(지금의 토스카나 지방)에서 달력과 알파벳을 들여오고, 상하수도 시설과 다리를 건설하는 법, 군대와 정부를 조직하는 법에 관해 배우며 국가로서의 체계를 잡아갑니다.

그런데 기원전 509년, 7번째 왕Tarquin Superbus의 아들의 성 추문이 터지고 루크레티아Lucretia라는 귀족 여성이 자살을 합니다. 이로 인해 귀족들과 대중들의 반란이 일어나고, 비슷한 사건을 방지하기 위해 로마는 왕정 대신 여러 귀족들이 참여해 국가를 통치하는 공화정으로 바뀌게 되죠. 집정관(지금의 총리) 2명을 두고, 이를 300명의 원로원(지금의 국회)이 통제하는 구조였는데요, 처음에는 원로원에 일반 시민은 전혀 참여할 수 없었지만, 200여 년에 걸친 노력 끝에 일반 시민의 대표인 호민관tribune이 원로원의 결정을 거부할 수 있는 제도veto(거부권)까지 마련하게 됩니다. 그리고 라틴어 문장 '로마 원로원과 시민Senātus Populusque Rōmānus'의 약자 SPQR이 로마 공화정의 공식 표어로 쓰이기 시작하면서, 지금까지도 주화를 비롯해 로마를 상징하는 문서와 깃발에서, 그리고 이탈리아 곳곳에서 눈에 띄는 것입니다.

이후 기원전 390년, 갈리아 지방(지금의 프랑스와 벨기에 지역)에서 거주하던 민족Gaul(골)이 로마시를 기습해 약탈하는 사건이 발생하는데요. 로마는 황금을 주고 협상해 이들을 돌려보내고, 이때 배운 교훈을 바탕으로 군대 제도를 개편한 뒤 기원전 146년까지 200여 년 동안 전쟁을 통해 영역을 확대하기 시작합니다. 그중에 하나가 지중해의 해상권을 두고 벌어진 카르타고Carthage(지금의 튀니지)와의 전쟁이죠. 이렇게 기원전 264부터 기원전 146년까지 약 120년에 걸쳐 세 번의 전쟁(포에니 전쟁Punic Wars)이 있었는데요. 로마는 시칠리아와 사르데냐를 확보하고, 이후 이베리아반도 남부(지금의 스페인)를, 마지막으로 튀니지까지 로마의 속국으로 만듭니다. 비슷한 시기에 마케도니아와 그리스도 로마의 지배를 받는데요. 이때 그리스의 세련된 문화가 로마 문화에 많은 영향을 주게 됩니다.

하지만 로마의 거듭된 정복 전쟁과 식민지 정책으로 수많은 농민들이 노예로 전락하면서 곳곳에서 반란이 일어납니다. 그 과정에서 각 지역의 반란을 평정하는 두 명의 장군이 출현하게 되죠. 바로 예루살렘과 시리아를 정복하고, 해적들을 소탕하고, 스파르타쿠스와 같은 노예들의 반란을 진압한 폼페이우스Pompeius(기원전 106~기원전 48년)와 프랑스의 갈리아 지방에서 영국 남부까지 점령한 율리우스 카이사르입니다.

기원전 49년, 카이사르는 군대를 해산하고 원로원으로 복귀하라는 명령을 어기고 루비콘강을 건너 로마로 입성해 권력을 장악합니다. 이때 한 말이 그 유명한 "주사위는 던져졌다"였죠. 이후 몇 년에 걸쳐 라이벌이자 친구였던 폼페이우스를 제거하고 이집트도 손에 넣게 되는데요, 그곳의 왕비였던 클레오파트라와 사랑에 빠진 것으로도 유명합니다. 카이사르는 임페라토르^{Imperator}(최고사령관)라는 단어를 자신의 이름에 붙이며 황제가 되려는 원대한 꿈을 꾸었지만, 결국 원로원의 계략으로 부하인 브루투스^{Brutus}의 손에 목숨을 잃고 맙니다. 이 과정이 참으로 국제적이고 극적이라 셰익스피어를 비롯한 수많은 이들에 의해 재창작되어서 지금까지도 수많은 콘텐츠로 등장하고 있는 것입니다.

카이사르가 암살된 뒤 그의 재산과 정치적 후광은 조카이자 양아들인 아우구스투스^{Augustus}(기원전 63~기원후 14년)가 물려받게 되는데요, 그가 바로 악티움 해전으로 클레오파트라와 안토니우스^{Marcus} ^{Antonius}를 패배시켜 스스로 목숨을 끊게 만든 장본인입니다. 아우구스투스는 황제라는 칭호 대신 '제1원로^{Princeps}(프린켑스)'라는 호칭으로 로마를 43년간 통치했어요. 그동안 20만 명의 시민에게 빵을 무료로 나눠 주는가 하면, 콜로세움을 물로 채워 모의 해전을 벌이

이근철의 고품격 컬처 수다
교양의 발견

고, 수많은 법을 정비해 로마제국을 반석 위에 올려놓았습니다. 로마는 이를 기리기 위해 8월August을 의미하는 단어에 그의 이름을 따서 붙이게 되었죠. 7월July은 율리우스 카이사르의 이름을 붙이고 말이죠. 대신 본래 7의 의미로 쓰이던 셉트sept는 9월September로 밀려나게 됩니다.

아우구스투스 이후 어머니를 죽이고 자신이 쓴 서사시 〈트로이의 몰락〉을 읽으며 로마에 불을 지른 정신병자 같은 네로를 비롯해, 로마의 영토를 최대로 확대한 트라야누스Trajanus, 전쟁 틈틈이 《명상록》을 쓴 아우렐리우스Aurelius, 해방된 노예의 아들로 태어났지만 황제가 돼 로마를 지방분권 체제로 개편하고 퇴임해 고향에서 농사를 지었던 디오클레티아누스Diocletianus, 마지막으로 기원후 312년 종교의 자유를 허락하고 예루살렘 대신 콘스탄티노플(지금의 터키 이스탄불)을 종교의 중심지로 정한 콘스탄티누스Constantinus 대제까지, 고대 로마를 통치한 황제들은 오늘날까지도 다양한 스토리의 원전原典으로 자주 언급되고 있습니다.

이처럼 고대 로마제국의 1,200년 역사를 알면, 이탈리아 여행이 한층 더 풍요로워질 수 있으리라 생각합니다.

❶ 고대 로마의 역사를 살펴보면 지금까지 사랑받는 문화 콘텐츠의 스토리들이 더 쉽게 이해됩니다.

❷ 7월July은 율리우스 카이사르, 8월August은 아우구스투스의 이름에서 유래했습니다.

· 어록의 발견 ·

율리우스 카이사르의 명언을 영어로 표현해볼까요?

대개 사람들은 볼 수 있는 것보다 볼 수 없는 것에 대한 걱정을 더 많이 한다.

As a rule, men worry more about what they can't see than about what they can.

나는 그 누구의 칭찬이나 비난에도 전혀 신경 쓰지 않는다.
나는 그냥 나의 감정을 따를 뿐이다.

모차르트(오스트리아)

몰입의
힘

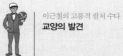

이근철의 고품격 컬처 수다
교양의 발견

만일 여러분이 지하철에 앉아 있는데 바로 앞에 바지 지퍼가 내려간 사람이 서 있다면 어떻게 하겠어요? 지퍼가 내려갔다고 친절하게(?) 말해줄 생각인가요, 아니면 못 본 척 상관하지 않을 생각인가요? 그 상황과 개인의 성격에 따라 차이가 있겠지만, 통계에 따르면 서양 사람들의 80퍼센트 정도는 신경을 쓰지 않는다고 합니다. 반면 동양인들은 50퍼센트 정도가 지퍼가 열렸다고 말을 해준다고 하네요. 이 결과는 무슨 의미일까요?

동양인들은 '그 사람이 얼마나 무안할까?' 라고 상대편에 대해 감정 이입이 잘되어 창피한 상황을 막아주려고 하기 때문입니다. 이를 바꿔 말하면, 한국을 포함한 동양 사회는 '다른 사람이 나를 어떻게 볼까?' 라는 생각을 서양보다 훨씬 더 많이 하는 관계 지향적 사회라는 해석이 가능합니다. 실제로 '눈치' 처럼 영어에서 한 단어로 번역하기 힘든 표현들이 한국어에는 적지 않게 있죠.

"나는 그 누구의 칭찬이나 비난에도 전혀 신경 쓰지 않는다. 나는 그냥 나의 감정을 따를 뿐이다."

이 명언은 오스트리아 출신으로 '천재성'을 언급할 때면 항상 손에 꼽히는 모차르트가 남긴 말입니다. 괴짜 같은 특유의 밝고 명랑한 이미지로 오늘날까지 전 세계인의 사랑을 받고 있는 모차르트. 그가 600편이 넘는 위대한 작품을 남길 수 있었던 것은, 그의 명언처럼 다른 사람의 의견에 일희일비하지 않고 스스로에게 집중할 수 있는 힘, 즉 '몰입'의 파워 때문이었을 겁니다. 저 역시 모차르트의 천재성보다는 몰입의 힘에 더 중요한 가치가 있다고 생각하는데요, 그 어떤 외적 요소에도 흔들림 없이 자신이 원하는 일을 꿋꿋이 해나갈 때 느끼게 되는 만족감, 즉 몰입으로 생기는 행복감이 더 중요하다고 생각하기 때문입니다. 왜냐하면 몰입한다고 누구나 천재가 될 수는 없지만, 몰입하면 누구나 행복해질 수 있으니까요!

그런데 동양인의 관계 지향적 성향과 관련된 흥미로운 이야기가 있습니다. 프랑스나 이탈리아, 스위스와 같은 나라가 생산하는 명품 브랜드 제품이 가장 잘 팔리는 지역은 어디일까요? 정답은 가장 부유한 나라가 아니라 일본, 중국, 그리고 한국과 같은 동양권입니다. 도이체방크^{Deutsche Bank}, 베인앤드컴퍼니^{Bain &} ^{Company}, 딜로이트^{Deloitte}의 통계에 따르면, 아시아 시장이 전 세계 명품 판매의 60퍼센트 이상을 차지합니다. 그중에서도 가장 큰 명품 시장은 일본으로 유럽 전체의 판매량을 합한 것보다 많고, 아메리카 대륙보다도 판매율이 높습니다. 물론 중국이 엄청난 속도로 따라잡고 있어서 1위가 바뀌는 것은 시간문제일 테죠. 이처럼 명품 브랜드가 유독 동양권에서 잘 팔리는 것은 우연의 산물이 아니라 '자신에게 몰입하는 대신, 남의 시선에 더 몰입' 하는 동양인 특유의 관계 지향적 성향 때문이라고 할 수 있습니다. 실제로 제가 50개 국가의 50개 명언을 다루었던 SERI CEO 온라인 강연에서 가장 높은 평점과 관심을 받은 강의 역시 바로 모차르트의 명언이었죠. 그만큼 우리 스스로도 주위의 시선에 신경을 끄고 자신에게 몰입하는 것과 그에 대한 실천 방법이 중요한 관심사임을 보여주는 예일 겁니다.

바이올린 연주자이자 작곡가였던 아버지의 영향으로 세 살 때부터 피아노를 배우고 다섯 살에 작곡을 시작해 열일곱 살까지 12년 동안 뮌헨, 프라하, 헤이그, 파리, 런던 같은 도시를 순회하며 공연을 했던 볼프강 아마데우스 모차르트^{Wolfgang Amadeus}

Mozart(1756~1791년). 모차르트는 여덟 살에 첫 심포니를 작곡하고, 열두 살에 첫 오페라를 썼으며, 열일곱 살에는 잘츠부르크 Salzburg의 궁정 악사가 되었을 만큼 음악 신동이었습니다.

물론 어렸을 때부터 왕과 귀족은 물론이고 수많은 사람들에게 주목을 받았으니 스스로도 자신에게 더욱 몰입할 수 있었던 것 아닌가 하고 생각할 수도 있습니다. 그러나 열일곱 살부터 스물다섯 살까지 8년 동안 잘츠부르크의 주교 밑에서 하인처럼 일하는 동안에도 모차르트는 늘 자신이 하고 싶은 일이 무엇인지 몰두했습니다. 그래서 아버지의 권유마저 물리치고 1781년 빈으로 향해 이듬해 결혼을 하고, 왕성한 작품 활동을 시작했죠. 그전에도 많은 오페라를 썼지만 오페라 〈피가로의 결혼The Marriage of Figaro(1786년)〉과 〈돈 조반니Don Giovanni(1787년)〉가 큰 성공을 거둔 이유도 이러한 자신에 대한 몰입의 힘이 아닐까 합니다. 1791년, 모차르트는 마지막 오페라 〈마술피리The Magic Flute〉의 작곡을 마치고, 〈레퀴엠Requiem(진혼곡)〉은 완성하지 못한 채 35세의 젊은 나이로 숨을 거둡니다. 그는 성공했을 때나 재정적으로 궁핍을 겪을 때도 그의 명언처럼 누구의 말에도 일희일비하지 않았는데요, 그것이 바로 모차르트를 그 누구와도 비교할 수 없는 유일무이

한 존재로 만들지 않았을까 생각합니다.

현대사회에서는 물론 자신에 대한 몰입도 중요하지만, 다른 사람을 배려하고 공감하는 능력도 무척 중요합니다. 하지만 중요한 것은 순서라고 생각합니다. 먼저 자신을 천천히 들여다보고 '내가 정말 기뻐하고 설레고 행복해하는 것'에 몰입하는 연습이 필요하다는 뜻입니다. 그다음에 몰입을 통해 얻은 에너지를 다른 사람에 대한 배려로 사용하면 되죠.

저는 이때 자신에 대한 몰입을 80퍼센트, 타인에 대한 배려와 공감을 20퍼센트로 유지하는 게 중요하다고 생각합니다. 이 수치가 거꾸로 되면 번번이 다른 사람의 눈치를 보게 되고, 다른 사람의 피드백이나 인정이 있어야 불안해지지 않고 안심하게 됩니다. 즉, 남이 나를 흔들어 일희일비하게 되는 것이죠!

결국 우리가 스스로에게 몰입하는 가장 커다란 이유는 내면의 행복을 위해서입니다! 내면의 몰입으로 내가 원하는 것을 정확히 알면 일의 효율성이 높아지게 됩니다. 자연히 자신감과 자존감이 높아지고, 결국에는 행복해질 수밖에 없는 것이죠. 이렇게 내가 행복해야 비로소 다른 사람을 공감하고 배려할 수 있습니다.

우리 모두가 모차르트처럼 천재가 될 수는 없습니다. 또 그럴 필요도 없고요. 하루하루 긍정적인 에너지로 나를 채우고, 다른 이에게도 긍정의 기운을 나눠 주는 것이 천재로서 사는 것보다 훨씬 더 행복하고 멋진 삶일 테니까요.

결혼으로 이룩한 제국, 그리고 세계대전

오스트리아 하면 음악의 도시 잘츠부르크^{Salzburg}의 모차르트나 천재 화가 구스타프 클림트^{Gustav Klimt}(1862~1918년)의 특이하며 따스한 그림, 그리고 아름다운 풍광이 가득한 관광 국가의 이미지가 떠오릅니다. 그런데 현재 그 어떤 전쟁에도 관여하지 않는 영세중립국 오스트리아가 제1, 2차 세계대전의 시발점이 되었던 나라라는 것을 알고 있나요?

현재 오스트리아는 대한민국의 85퍼센트밖에 되지 않는 작은 영토를 가지고 있습니다. 그러나 19세기까지만 해도 헝가리, 체코,

슬로바키아, 루마니아, 폴란드, 우크라이나, 슬로베니아, 세르비아, 보스니아, 이탈리아 북부를 다스리는 거대한 제국으로 영토가 지금의 여덟 배가 넘었습니다. 그리고 이 제국을 지탱하는 중심에 1273년부터 왕을 배출한 합스부르크^{Habsburg}가의 통치와 강대국들과의 정략결혼이라는 전략이 있었습니다.

오스트리아는 지정학적으로 신성로마제국(지금의 독일)의 오른쪽(예전에는 오른쪽, 지금은 남쪽)에 위치한 이유로 '동쪽 나라'라는 뜻의 오스테라히^{Osterreich}에서 국명을 따온 국가인데요. 16세기 카를 5세^{Charles V} 때는 아들 펠리페 2세^{Philip II}가 스페인, 포르투갈, 네덜란드, 이탈리아(일부 지역)를 통치하고, 메리 여왕^{Queen Mary I}과의 정략결혼으로 영국과 아일랜드를 지배했습니다. 또한 그의 동생인 페르디난트 1세^{Ferdinand I}는 신성로마제국, 보헤미아(지금의 체코), 헝가리, 크로아티아^{Croatia}의 왕이 되어 통치를 했습니다. 18세기 초 마리아 테레지아^{Maria Theresia} 왕비는 16번째 막내딸을 프랑스에 시집보내는데요. 그녀가 바로 루이 16세와 함께 단두대에서 목숨을 잃은 마리 앙투아네트^{Marie Antoinette}입니다. 또한 프란츠 2세^{Franz II}는 1810년 적이었던 나폴레옹^{Napoleon}에게 딸 마리 루이즈^{Marie Louise}를 결혼시키기도 했습니다.

이처럼 오스트리아제국은 프랑스, 러시아를 비롯한 강대국의 힘을 견제하며 전쟁을 통해 영토를 넓히는 동시에, 정략결혼을 통해 최대한 전쟁을 줄여 왕실의 재정을 아꼈습니다. 이런 복잡한 계산들은 16세기 종교개혁과 18~19세기 시민혁명의 소용돌이로 유럽 여러 나라의 절대왕정이 무너질 때까지 계속됐습니다.

그런데 1,000만 명의 사상자를 낸 제1차 세계대전, 5,000만 명의 사상자를 낸 제2차 세계대전 모두 오스트리아가 원인이 된 이유는 무엇일까요?

제1차 세계대전은 1914년 오스트리아—헝가리 제국의 황태자 프란츠 페르디난트Franz Ferdinand가 보스니아 사라예보에 시찰을 왔다가 살해당하면서 시작됐습니다. 6월 28일 결혼기념일을 맞아 오픈카를 타고 거리 관광에 나섰다가 가브릴로 프린치프Gavrilo Princip라는 이름의 19세 청년이 세르비아의 독립을 외치며 쏜 총탄에 목숨을 잃은 것이죠. 이에 분노한 오스트리아—헝가리 제국은 세르비아에 전쟁을 선포하고, 오스트리아의 형제 나라인 독일이 같은 편에 서게 됩니다. 반면 러시아는 같은 슬라브족인 세르비아 지원을 천명하고, 러시아와 동맹 관계에 있던 프랑스, 영국, 벨기에가 전쟁에 합류하면서 제1차 세계대전의 비극이 시작된 것입니다.

잘 알다시피 제1차 세계대전은 오스트리아와 독일 동맹이 패하면서 끝이 납니다. 하지만 종전과 동시에 제2차 세계대전의 빌미를 제공하게 되는데요, 바로 막대한 전쟁배상금을 갚느라 독일과 오스트리아의 경제가 피폐해지고 물가가 수백 배나 폭등하게 된 것입니다. 당시 빵 하나의 값이 2,000억 마르크였다고 하는데요, 돈을 수레에 가득 싣고 가도 살 수가 없었다니 상상이 되나요? 결국 오랜 굶주림에 치를 떨던 국민들은 오스트리아 태생의 히틀러Hitler가 부르짖는 나치주의Nazism에 귀를 기울이게 되었고, 히틀러가 배상금 지급을 거부하며 또다시 유럽을 제2차 세계대전으로 몰고 간 것입니다. 그 결과 제2차 세계대전 후 독일은 동독과 서독으로 분할되고, 오스트리아는 러시아 및 다른 나라의 요청으로 합스부르크 왕가가 없는 중립국으로 지정되어 지금의 오스트리아가 됩니다.

오스트리아는 영토의 4분의 3이 알프스 산악 지형이라 농작물을 키울 수 있는 경작지가 20퍼센트도 되지 않습니다. 동남부 지역에서는 소를 방목해 최고의 품질을 자랑하는 치즈를 생산하지만, 전통적으로 기계공업, 의약 산업, 그리고 관광 산업이 주된 수입원이죠. 유명 관광지인 잘츠부르크는 '소금의 성'이란 뜻을 가지고 있는데요, 실제로 잘츠부르크주state에 기원전 2000년 이전부터 이용되었던 세계 최초의 소금 광산 할슈타트^{Hallstatt}가 속해 있습니다.

인구 구성을 살펴보면, 총인구 880만 명 중 90퍼센트가 오스트리아인이고, 나머지 10퍼센트는 주변국인 독일, 헝가리, 세르비아, 보스니아 출신인데요. 오스트리아인들은 교육열이 높고, 상대편에 대한 배려심이 많으며, 산책을 좋아하는 것으로 유명합니다.

오스트리아 대표 음식으로 고기를 얇게 다져 빵가루를 입혀 튀긴 슈니첼^{Schnitzel}이 유명하고, 헝가리식 수프인 굴라시^{Goulash}의 인기가 높습니다. 달콤한 크림이 들어간 비엔나커피는 수도 빈^{Wien}의 영어식 표기인 비엔나^{Vienna}에서 따온 것이죠. 프랑스빵으로 알려진 '초승달'이란 뜻의 크루아상^{Croissant}은 사실 오스트리아 출신인 마리 앙투아네트 왕비가 고향의 빵을 프랑스에 소개하면서 프랑스식 이름이 붙은 것인데요, 일설에 따르면 1683년 빈을 포위했던 오스만제국^{The Ottoman Empire}과의 전투에서 오스트리아가 두 차례나 이긴 기념으로 이슬람을 상징하는 초승달 모양을 먹어 없앤다는 뜻으로 만들어진 빵이라고도 합니다.

끝으로, 오스트리아 출신으로 미국 캘리포니아주 주지사까지 지냈던 영화 〈터미네이터〉의 주인공 아놀드 슈왈제네거^{Arnold Schwarzenegger}

를 잘 아실 텐데요. 검은색^{schwarzen}과 토양^{egger}이라는 단어가 합쳐진 이름을 보면, 아마도 그의 조상이 기름진 검은색 토지를 소유한 농부가 아니었을까 추측해봅니다. 이렇듯 우리가 즐겨 먹는 음식과 사람의 이름에도 흥미로운 역사가 숨어 있습니다.

KEY-POINT

❶ 유럽 강대국의 역사는 정략결혼 속에서 그 흐름이 보입니다.

❷ 두 번의 세계대전의 출발점이었던 오스트리아는 결국 중립국이 되었습니다.

· 어록의 발견 ·

모차르트의 명언을 영어로 표현해볼까요?

나는 그 누구의 칭찬이나 비난에도 전혀 신경 쓰지 않는다. 나는 그냥 나의 감정을 따를 뿐이다.

I pay no attention whatever to anybody's praise or blame. I simply follow my own feelings.

웃음보다 더 귀중한 것은 아무것도 없고,
비극은 가장 터무니없는 짓이다.

프리다 칼로(멕시코)

용기는 웃을 때
시작된다

이근철의 고품격 컬처 수다
교양의 발견

만일 여러분이 다음의 선택지 중에 하나만을 선택해야 한다면 무엇을 고르시겠습니까? 첫 번째 선택지는 어느 날 교통사고가 나서 척추부터 골반뼈까지 으스러지는 끔찍한 고통을 겪지만 가까스로 목숨만은 건지는 것입니다. 두 번째 선택지는 앞의 경험 대신 차라리 죽음을 선택할 수 있는 기회를 가지는 것입니다. 죽음보다도 고통스러운 삶을 연명할지, 아니면 차라리 죽음을 택할지⋯ 아마도 결정을 내리기 쉽지 않을 겁니다.

여기 이와 비슷한 상황에 놓인 한 소녀가 있습니다. 육중한 전차가 소녀가 타고 있던 버스를 들이받아 두 동강을 냅니다. 버스에 타고 있던 소녀의 몸을 손잡이 막대가 관통해 골반과 척추를 여섯 조각 냅니다. 쇄골과 갈비뼈가 부러지고, 오른 다리는 열한 곳이 골절되고, 오른발은 으스러지죠. 의사를 포함해 그 누구도 소녀가 생존할 거라곤 생각 못 할 만큼 엄청난 사고였습니다. 바로 멕시코의 국민 화가 프리다 칼로^{Frida Kahlo}(1907~1954년)

가 열여덟 살이라는 꽃다운 나이에 실제로 겪은 비극입니다.

그녀가 겪은 비극은 이뿐만이 아니었습니다. 그녀는 여섯 살 때 소아마비에 걸려 오른쪽 다리에 장애를 얻었습니다. 학교 친구들은 그녀를 '나무 다리 프리다'라고 놀려댔죠. 하지만 그녀는 늘 밝고 용감했으며 또 거침이 없었습니다. 아버지는 축구, 수영, 심지어 레슬링까지 가르치며 그녀에게 평범한 삶을 선물하려 노력했죠. 참고로, 그녀의 아버지는 독일 출신의 사진작가였는데요, 프리다 칼로처럼 유럽의 백인과 남아메리카 원주민 사이에서 태어난 이들을 메스티소mestizo라고 부릅니다. 메스티소는 현재 멕시코 인구의 65퍼센트를 차지하고 있으며, 나머지는 순수 원주민 15퍼센트, 백인 15퍼센트로 이루어져 있죠. 멕시코의 종교는 스페인의 영향으로 인구의 85퍼센트가 가톨릭을 믿고 있습니다.

교통사고 이후 그녀의 삶은 완전히 달라졌습니다. 그녀는 죽을 때까지 무려 30번이 넘는 큰 수술을 받아야 했고, 하루하루 기절할 만큼의 고통을 겪어야 했습니다. 생각해보세요. 화가가 되는 것은 고사하고 버거운 고통을 참고 이겨내는 것만으로도 정말 대단한 일일 겁니다. 하지만 그녀는 날마다 찾아오는 끔찍한 고통 앞에 무릎 꿇지 않았습니다. 오히려 고통을 그림으로 승화했죠. 그녀가 그린 자화상 〈부서진 기둥〉을 보면 "웃음보다 더 귀중한 것은 아무것도 없고, 비극은 가장 터무니없는 짓이다"라는 그녀의 말이 더욱더 가슴을 저밉니다.

우리는 내가 겪는 힘든 상황이나 고통이 가장 가혹하다고 생각합니다. 내 손톱 밑의 가시가 남의 심한 고뿔보다 더 아픈 법이니 어쩔 수 없는 일이기도 합니다. 하지만 하늘 아래 어디엔가는 내가 상상조차 할 수 없을 육체적·정신적 고통을 웃음과 긍정으로 승화해내는 엄청난 의지를 가진 영혼이 있다는 것, 이쯤은 기억하며 살아가야 하지 않을까요?

프리다 칼로는 사고 후 침대에 누워서 그림을 그리기 시작했습니다. 척추 교정을 위해 교정 코르셋을 입고 심지어 천장에 팔다리를 매달고 있을 때도 그림 그리기를 멈추지 않았죠. 그녀는 늘 말했습니다.

"나는 병든sick 것이 아니라, 깨진broken 거라고!"

하지만 안타깝게도 그녀의 고통은 끝이 아니었습니다. 세계적인 벽화 화가이자 멕시코의 국민 화가였던 디에고 리베라와 결혼했지만, 디에고의 바람기에 결혼 생활은 순탄치 않았습니다. 게다가 사고 때문에 그녀는 엄마가 될 수도 없었죠. 아내로서도, 엄마로서도 온전히 사랑을 주고받을 기회를 상실했지만, 프리다는 결코 포기하지 않았습니다. 그녀는 자신에게 상처를 주는 디에고를 오히려 나의 어머니이자 아이이자 내 자신이라고 말하며 감싸 안았습니다. 상처받은 마음을 스스로 위로하기 위해 동물과 식물에 애정을 쏟으며 고통을 예술로 승화시켰습니다. 절대 침대를 벗어나지 말라는 의사의 충고에 처음 열린 단독 전시회에 침대에 누워 참석할 정도로 열정을 불태웠죠.

그림에 대한 이런 열정으로 프리다 칼로는 독특한 작품을 그리기 시작합니다. 20세기의 멕시코 화가들 중 최초로 프랑스의 루브르박물관이 작품을 사들일 만큼 말이죠. 죽음, 현실, 그리고 무의식을 넘나들며 때로는 직설적으로, 때로는 환상적으로 표현되는 그림 속에 그녀의 삶이 고스란히 담기기 시작했죠. 정식으로 미술교육을 받은 것도 아닌데 그녀의 〈자화상〉 시리즈는 한번 보면 잊을 수 없는 강렬함을 뿜어냈습니다. 세계적인 화가 파블로 피카소와 호안 미로도 그녀의 작품을 보고는 극찬을 아끼지 않을 정도였죠.

그러나 안타깝게도 프리다 칼로는 마흔일곱이라는 젊은 나이에 그녀의 이름(Frida는 '평화'라는 뜻의 독일어 friede에서 비롯됨)처럼 영원한 평온의 세계로 떠납니다. 비로소 병마의 고통에서 해방된 것이죠. 프리다 칼로를 떠나보내야 했던 사람들은 비탄에 빠졌지만, 그녀가 짧은 생애 동안 보여주었던 강한 의지는 멕시코인뿐만 아니라 전 세계인들의 마음에 깊은 감동으로 새겨졌습니다. 실제로 오늘날까지 프리다 칼로는 페미니즘의 아이콘으로 불리고 있으며, 그녀가 살던 집이자 박물관으로 운영 중인 '파란색 집'이라는 뜻의 라 카사 아술^{La Casa Azul} 앞에는 그녀의 삶과 작품을 만나려는 수많은 사람들이 기쁜 마음으로 길게 줄을 서서 기다리고 있습니다.

우리는 프리다 칼로처럼 고통과 고난을 강한 의지로 극복한 이들을 보면 자극을 받습니다. 강한 의지가 부럽기도 하면서, 한편으로 '나도 할 수 있다'라는 생각도 듭니다. 맞습니다! 인간에게는 강력한 '모방 세포'가 있습니다. 남들보다 더 강한 의지를 가진 채 태어나는 이들도 있겠지만, 결단과 강한 의지는 작지만 반복되는 연습으로도 얻을 수 있습니다. 결국 누가 더 많이 자극받고, 망설이거나 고민하는 대신 바로바로 연습을 더 하는가의 차이일 뿐입니다. 만약 너무 힘에 부친다고 생각되면 한 걸음 뒤로 물러서서 호흡을 가다듬고, 지금 내가 가진 것과 지금 내가 할 수 있는 것에 감사하면 됩니다. 감사하는 마음만으로도 뿌듯한 에너지가 채워져 그것이 자신감이 되고, 또 용기가 되어 강한 의지로 나를 다시 일어서게 할 테니까요!

문명의 피라미드와 가라앉는 도시

현재 남아메리카에서 영토가 가장 넓은 브라질은 포르투갈어를 쓰고, 나머지 나라들의 90퍼센트는 모두 스페인어를 공식어로 사용하고 있습니다. 아이티, 프랑스령 기아나가 프랑스어를 공식어로 사용하고 있지만, 중미의 멕시코와 쿠바까지 포함하면 중남미에서 스페인어를 사용하는 국가의 숫자가 압도적으로 많습니다. 그렇다면 어떻게 멕시코를 포함한 남미의 대부분 국가들이 스페인어를 쓰게 되었을까요?

미국의 알래스카 끝과 건너편 러시아 사이에는 베링해협이 있습니다. 지구의 마지막 빙하기 때 이곳은 얼어붙은 땅이었죠. 학자들에 따라 다르지만, 아시아인들이 이곳을 거쳐 아메리카 대륙으로 유입돼 살기 시작한 게 대략 2만~1만 5,000년 전쯤입니다. 그리고 1만 년 전쯤에는 남미 대륙까지 대부분 사람들이 거주하기 시작했습니다. 이들이 바로 아메리카 대륙의 원주민인 것이죠.

하지만 15세기 말부터 유럽인들의 포교(크리스트교) 활동과 금과 향신료를 찾아 떠난 항해가 식민지 개척으로 변질되면서 원주민의 삶은 처참하게 바뀌게 됩니다. 유럽인들은 처음에는 포교와 교역의 목적으로 왔지만 점차 원주민들을 노예처럼 부리고 박해하기 시작했죠.

게다가 원주민들은 천연두와 같은 질병에 면역력이 전혀 없었는데요, 유럽인들에 의해 전파된 수많은 질병으로 100년 사이에 인구수가 10의 1 정도로 줄어들 만큼 원주민들은 엄청난 재앙을 겪게 됩니다. 실제로 8,000만 명에 이르던 15세기 아메리카 대륙의 원주민 인구는 이후 1,000만 명 아래로 급감하는데요, 이런 현상은 중남미에서 특히 더 심했습니다. 1492년 콜럼버스가 신대륙(실제로는 쿠바와 주위의 섬들)을 발견한 이후 아메리카 대륙

이근철의 고품격 컬처 수다
교양의 발견

의 원주민들은 앞서 말한 내용과 비슷한 과정을 겪었다고 보면 됩니다.

신대륙 발견에 앞장선 나라는 포르투갈과 스페인이었습니다. 두 나라는 앞서거니 뒤서거니 하며 신대륙 탐험에 뛰어들어 갈등을 빚기 시작했죠. 결국 교황의 중재로 신대륙을 둘로 나눠 갖는 것으로 밀약(토르데시야스 조약, 1494년)을 맺게 됩니다. 동쪽은 포르투갈이, 서쪽은 스페인이 점유하는 것으로 말이죠. 정작 이 땅에서 1만 년 넘게 살아온 원주민들의 뜻은 아랑곳하지 않고 약속을 한 것입니다. 결국 브라질은 포르투갈의 식민지가 돼 300년가량 통치를 받았고, 멕시코와 다른 나라들은 스페인의 식민지로 역시 300년 넘게 지배를 받습니다. 원주민의 숫자는 줄어들고 유럽의 이주민은 늘어났으니 지배 계층이 사용하던 언어가 오랜 세월에 걸쳐 공식어가 된 것이죠.

인구 1억 3,000만 명에 우리나라 면적의 20배 가까이 되는 영토를 가진 멕시코는 수천 년 전부터 마야문명을 포함해 다양한 문명이 꽃핀 땅입니다. 먼저 올멕문명(기원전 1400년 무렵)이 1,500년 가까이 존재했고, 휴양지로 유명한 칸쿤이 있는 유카탄반도에는 마야문명이 번성했죠(250~950년). 이들은 이집트와는 다른 다양한 종류의 피라미드를 만들었는데요, 그 흔적이 지금까지 남아 있습니다. 그리고 지금의 멕시코시티 자리에는 14세기 중반에 커다란 호수 위에 인공 섬을 만들어 10만 명이나 되는 원주민이 살았던 아즈텍문명도 있었습니다. 아즈텍문명은 1519년 스페인령의 쿠바 총독을 지내던 에르난 코르테스에 멸망하는데요, 에르난 코르테스는 배 11척, 부하 500여 명, 말 15마리, 총 50정을 가지고 현재의 칸쿤 근처에 도착을 합니다. 그리고 타바스코에서 전투를 벌여 원주민 통역사 라 말린체La Malinche를 얻고, 베라쿠르스에 거점을 만들어 어떻게 하면 아즈텍을 점령할 수 있을지 고민을 하죠.

그런데 아이러니하게도 아즈텍에는 하얀 피부에 수염이 난 신이 돌아온다는 예언이 있었습니다. 코르테스와 그의 부대는 이를 이용해 아즈텍의 심장부인 테노치티틀란에 무혈 입성한 뒤 아즈텍의 왕 몬테수마 2세에게 반감을 가지고 있던 주위의 여러 부족을 이용해 아즈텍을 멸망시키고 그 자리에 멕시코시티를 건설합니다.

이후 300년 동안 스페인은 은과 금을 비롯한 멕시코의 다양한 천연자원을 끊임없이 수탈합니다. 스페인 국왕은 원주민들을 가톨릭교로 개종하기 위해서라면 그들을 언제든 강제 노역시킬 수 있다는 허가령 '엔코미엔다encomienda'까지 제정하죠. 합법을 가장한 노예법이 생긴 것입니다.

이렇게 오랫동안 피폐해진 원주민들의 삶은 스페인 출신의 아버지와 원주민 어머니 사이에서 태어난 미겔 이달고Miguel Hidalgo(1753~1811년)라는 성직자에 의해 전환점을 맞습니다. 그는 가난한 삶을 개선하기 위해 원주민들에게 올리브와 포도 재배법을 가르치려고 했습니다. 그러나 스페인은 자국에서 생산해 멕시코에 비싸게 팔아치우려는 속셈으로 올리브와 포도 경작을 법으로 금지하고 있었죠. 당시 멕시코가 처한 상황을 단적으로 보여주는 예라고 할 수 있습니다. 이런 말도 안 되는 불공평한 현실에 이달고는 멕시코 전역을 돌며 설교와 행진을 함으로써 독립전쟁(1810년)을 촉발시킵니다.

비록 그는 1년 뒤 스페인에 붙잡혀 죽음을 맞이하지만, 결국 멕시코는 10년간의 전쟁 끝에 1821년 마침내 독립을 쟁취하게 되죠. 물론 독립한 지 25년이 지나 멕시코는 미국이 일으킨 전쟁(1846~1848년)으로 캘리포니아를 포함한 많은 영토를 빼앗기고 맙니다.

또 30년 넘게 독재자 포르피리오 디아스의 손아귀에서 힘들어하다가 시민혁명(1910년)을 거쳐 지금의 민주공화국을 이룩할 수 있었죠.

참고로, 호수 텍스코코Texcoco를 매립해 만든 멕시코의 수도 멕시코시티는 도시가 커지며 현재 근처 지역의 인구까지 합쳐 2,000만 명이 넘는 메가시티를 이루고 있습니다. 그런데 이 많은 인구의 70퍼센트가 식수를 지하수에 의존하고 있어 심각한 문제가 되고 있습니다. 지난 60년 동안 도시 밑의 지하수층이 줄어들어 지반이 거의 10미터나 내려앉은 것이죠. 멕시코시티에 가면 조금씩 기울어지고 있는 건물들이 많이 보이는 것도 이 때문입니다. 이는 교통 체증과 대기오염을 포함해 멕시코시티가 직면한 심각한 문제입니다. 물론 최악의 마약 범죄 집단과 그들과 결탁한 공무원들의 부정부패 또한 멕시코가 직면한 커다란 문제이기도 합니다.

해마다 10월 31일은 죽은 사람의 영혼이 이승으로 돌아오는 날로 여겨지며 핼러윈 축제가 열립니다. 핼러윈Halloween이란 '모든 성인 대축일 전야제All Hallows' Day evening'의 줄임말로, '할로우hallow'는 '성인

saint' 과 같은 뜻입니다. 핼러윈이 되면 귀신을 쫓기 위해 분장을 하고 손전등을 켜놓고, 또 한편으론 귀신을 달래기 위해 사탕 treat 도 준비하죠. 멕시코도 같은 시기에 '죽은 자들의 날'이라고 해서 축제를 여는데요. 핼러윈과 달리 돌아가신 선조나 사랑하는 사람들을 기리기 위한 것으로, 돌아가신 분들처럼 분장을 하고 축제를 엽니다. 이 축제가 바로 디즈니와 픽사가 제작한 애니메이션 〈코코〉의 주된 배경이자 모티브이기도 합니다.

마지막으로, 멕시코는 맛있는 타코 taco 와 부리토 burrito 로 유명한데요, 이러한 음식을 감싸는 얇은 빵인 토르티야 tortilla 는 옥수숫가루로 만듭니다. 북미를 포함해 중남미의 토착 신앙에 다양한 옥수수신이 등장하고, 의복이나 예술품에 흔히 옥수수와 관련된 이야기가 얽혀 있는 것도 옥수수가 오랫동안 아메리카 원주민의 주식으로 널리 사랑받고 있기 때문입니다. 토마토와 초콜릿 역시 아메리카가 원산지입니다.

❶   아메리카 대륙의 원주민들은 대부분 300년 넘게 유럽 강대국들
    의 수탈에 시달렸습니다.

❷   호수 매립지에 세워진 멕시코시티가 해마다 조금씩 내려앉는 이
    유는 바로 식수 때문입니다.

· 어록의 발견 ·
프리다 칼로의 명언을 영어로 표현해볼까요?

웃음보다 더 귀중한 것은 아무것도 없고, 비극은 가장 터무니없는 짓이다.

**There is nothing more precious than laughter and tragedy is
the most ridiculous thing.**

만일 어떤 이에게 그가 이해할 수 있는 언어로 말한다면
그것은 그의 머리로 갈 겁니다.
만일 그에게 그의 언어로 말을 한다면
그것은 그의 마음으로 갈 테고요.

넬슨 만델라(남아프리카공화국)

이성보다
마음을 움직여라

이근철의 고품격 핕처 수다
교양의 발견

만일 내가 믿는 신념 때문에 인생의 황금기를 감옥에서 보내야 한다면 여러분은 어떻게 하시겠어요? 신념을 부정하면 언제든 석방될 수는 있습니다. 남아프리카공화국의 인종차별 정책인 아파르트헤이트 ^{Apartheid}에 맞서 무려 27년이나 감옥 생활을 감내한 사람이 있습니다. 인생의 황금기 대부분을 차가운 감옥에서 보낸 것이죠. 그는 신념을 포기하면 언제든 석방시켜준다는 회유에도 절대 뜻을 굽히지 않았습니다. 이런 신념이 세계적인 반향을 불러일으켜 마침내 인종차별 정책의 폐지를 이끌어 내게 됩니다. 네, 신념을 위해 평생을 싸운 그의 이름은 바로 넬슨 만델라 $^{Nelson Mandela}$(1918~2013년)입니다.

그렇다면 넬슨 만델라의 마음속에 불굴의 신념이 자리 잡은 것은 언제부터였을까요? 넬슨은 한 부족의 족장 아들로 태어나 기독교 신자였던 어머니 덕분에 세례를 받고 감리교 학교에서 영국식 교육을 접하게 됩니다. 그가 아홉 살 때 아버지가 폐질

환으로 사망했지만, 왕족의 후손이었기에 고등학교 때까지 다양한 교육과 스포츠를 여유롭게 즐길 수 있었죠. 이 때문에 넬슨은 어린 시절만 해도 유럽의 식민주의가 미개한 아프리카에 교육을 비롯한 많은 혜택을 가져다주었다고 믿었습니다. 하지만 대학에서 인류학, 정치학, 법학을 공부하면서 생각이 조금씩 바뀌었죠. 대학에서 그는 학생들에게 제공하는 음식의 품질을 개선하기 위해 학생회에서 활동하다가 정학도 받게 됩니다. 이후 스물두 살 때는 집안에서 정한 혼처를 피해 요하네스버그로 도망쳐 와서 많은 고생을 하기도 합니다. 그리고 이때 인종차별에 반대하던 선배 월터 시술루와 함께 일을 하며 남아프리카의 비참한 현실을 직시하게 됩니다. 이에 어린 시절에 가졌던 시각을 바꿔 아프리카민족회의[ANC]에 참여하며 인종차별로 신음하는 남아공의 모습을 바꾸기 위해 노력하기 시작하죠.

우리는 보통 명쾌한 논리와 적절한 증거가 상대편을 설득하는 가장 효율적 방법이라고 생각합니다. 그러나 객관적인 논리와 이성만을 무기로 상대편을 몰아치듯 설득하면, 설령 설득에 성공해도 관계가 불편해질 때가 많습니다. 상대편이 내 의견에 수긍은 해도 기분이 나빠지기 때문이죠. 쉬운 예로, 이게 맞고 저

이근철의 고품격 컬처 수다
교양의 발견

것은 틀렸다고 논리적으로 따지는 남편과 수긍하지만 뒤돌아서
서는 "참 잘나셔서 좋으시겠네!"라고 투덜거리는 아내의 모습
을 상상해보세요. 남편은 자기가 이겼다고 생각하겠지만 착각
일 뿐입니다. 사실은 진 것과 다름없습니다. 결국 좋은 설득, 이
기는 설득은 상대편의 입장을 조금 더 이해하고, 상대편의 감정
을 잘 헤아리는 데 달려 있습니다.

인간은 이성적인 동물처럼 보이지만, 사실은 매우 감성적인 동
물입니다. 1퍼센트의 이성적인 뇌 밑에는 99퍼센트의 감성적인
뇌가 빙산처럼 숨겨져 있습니다. 이 감성적인 뇌가 결정적인 순
간 우리를 지배합니다. 감성에 호소하는 신문 기사, 사건, 정치
문구, 음식, 영화, 음악에 더 쉽게 더 빨리 반응하는 것도 이 때
문이죠. 예를 들어 '70퍼센트 세일'이라는 문구를 보면, 우리는
돈을 아낄 수 있다는 논리적인 계산으로 구매를 합니다. 얼핏
이성적인 구매를 한 듯 보입니다. 그러나 사실은 불필요한 구매
를 한 것일 뿐입니다. 넬슨 만델라의 말도 이와 문맥을 같이합
니다. "만일 어떤 이에게 그가 이해할 수 있는 언어로 말한다면
그것은 그의 머리로 갈 겁니다. 만일 그에게 그의 언어로 말을
한다면 그것은 그의 마음으로 갈 테고요." 이 말은 결국 머리로

이해한 것은 언제든지 바뀔 수가 있지만, 마음으로 받아들이면 오랫동안 남는다는 뜻일 겁니다.

넬슨 만델라의 투쟁사를 살펴보면 그 역시 처음에는 간디처럼 평화적인 시위로 남아공 전체 국민의 15퍼센트에 불과한 백인들의 생각을 바꾸어보려 노력했습니다. 하지만 전혀 효과가 없자 게릴라를 조직해 적극적인 저항에 나서 38세에 반역죄로 붙잡혀 투옥되죠. 저항을 포기하면 풀어주겠다는 백인 정부의 회유가 있었지만, 그는 백인 정부를 인정하지 않으며 종신형을 선고받고 맙니다. 만약 여기서 그의 투쟁이 멈췄다면 어떻게 됐을까요? 아직도 남아공에 인종차별 정책이 그대로 남아 있었을지도 모릅니다. 그러나 넬슨 만델라는 감옥에서도 단식투쟁을 하고, 다른 죄수들을 가르쳐 교화하고, 옥중 편지를 통해 전 세계에 남아공의 현실을 알리는 등 투쟁을 지속했습니다. 그러자 신기하게도 그의 투쟁에 세상의 시선이 쏠리기 시작했습니다. 감옥 밖에서 총을 들고 투쟁할 때보다 오히려 감옥 안에서의 투쟁이 더욱더 커다란 효과를 불러일으킨 것입니다. 그의 투쟁은 실의에 젖은 원주민들의 마음에 불을 지폈습니다. 어떤 역경과 고난에도 굴복하지 않는 넬슨을 보며 그들 역시 저항을 멈추지 않앉죠. 심지어 착취계급인 백인 계층에서도 그에게 힘을 실어주는 이들이 생겨나기 시작했습니다. 그의 진심이 인종을 떠나 인간이라면 누구나 가지고 있는 보편적인 감성과 이성을 동시에 울린 것입니다. 그렇게 넬슨 만델라는 인종차별에 반대하는 세계적인 상징이 되었죠.

1974년 남아공은 올림픽과 유엔에서 퇴출당한 뒤에도 시위(1976년 소웨토 항쟁)에 참여한 학생 1,000여 명에게 심한 부상을 입히고, 700여 명을 살해하는 끔찍한 만행을 저지릅니다. 그럼에도 불구하고 원주민들은 저항을 포기하지 않습니다. 감옥에 있는 넬슨 만델라를 구심점으로 보다 악착같이 저항을 지속했죠. 이에 교황 요한 바오로 2세가 인종차별 정책 폐지에 대한 강력한 지지를 선언하고, 미국과 영국을 포함한 각 나라의 미디어가 적극적으로 이 문제를 다루기 시작합니다. 그리고 마침내 1986년 전 세계의 많은 나라들이 남아공에 대한 강력한 경제제재를 단행하죠. 1988년에는 휘트니 휴스턴 같은 세계적인 가수들이 넬슨 만델라의 70번째 생일에 맞춰 콘서트를 열고 그의 석방을 촉구하기도 했습니다.

1989년 데 클레르크^{F. W. de Klerk}(1936년~)가 제10대 대통령으로 당선되면서 남아공은 결국 아파르트헤이트를 철폐합니다. 넬슨 만델라도 27년간의 옥살이를 끝내고 석방되죠. 두 지도자는 화해의 악수를 함으로써 노벨평화상(1993년)을 공동 수상하게 됩니다. 그리고 처음으로 실시된 민주 선거(1994년)에서 넬슨은 최초의 흑인 대통령으로 선출되었습니다. 넬슨은 진실화해위원회를 세워 46년 동안의 인종차별 정책에 대한 청산과 후속 대책들을 차근차근 실행해나가죠. 현재 남아공의 국기에는 이런 화합의 정신이 그대로 보이는데요, 보어인(백인)들을 상징하는 국기의 3색(빨간색, 흰색, 파란색)에, 흑인을 의미하는 검은색, 대지를 의미하는 녹색, 그리고 소중한 자원을 의미하는 금색이 더해져 있습니다. 동시에 공식적인 수도가 행정(프리토리아), 입법(케이프타운), 사법(블룸폰테인)의 3개로 나뉘어 있는 것도 같은 이유입니다.

KEY-POINT

❶ 논리와 이성으로 하는 설득은 언제든 바뀔 수 있지만, 감성의 설득은 오랫동안 지속됩니다.

❷ 신념을 위한 넬슨 만델라의 27년간의 감옥 생활이 결국 모든 세계인의 마음을 움직였습니다.

곧은 국경선, 슬픈 역사의 시작

아프리카의 지도를 보면 특이한 점이 눈에 띕니다. 적도 근처의 나라들 같은 경우도 조금은 그렇지만, 지중해 근처의 이집트, 리비아, 알제리 같은 나라들을 보면 국경선이 자로 그은 듯 아주 반듯합니다. 남부의 앙골라나 나미비아, 동부의 소말리아도 마찬가지입니다. 인구 12억 명에 54개의 나라가 있는 아프리카의 국경선은 어떻게 이처럼 부자연스런 모습을 하고 있는 것일까요? 또한 월드컵이나 올림픽 등 국제 스포츠 경기에서 프랑스, 영국, 벨기에, 포르투갈, 스페인, 독일, 스웨덴과 같은 유럽 국가의 선수들 중에 흑인들이 생각보다 눈에 많이 띄는 이유는 무엇일까요?

보통 아프리카 하면 검은 대륙, 인류의 기원, 사바나 초원, 천연자원, 원시 부족, 흑인 노예, 그리고 〈라이온 킹〉이나 〈마다가스카르〉 같은 애니메이션을 떠올리는데요, 이런 키워드에 앞서 나온 질문에 대한 답과 아프리카의 역사가 담겨 있습니다.

아프리카는 현생인류가 시작된 곳이지만, 유럽의 침략이 시작된 근대부터 지금까지 고통이 계속되는 땅입니다. 아프리카 건너편의 아메리카 대륙이 유럽에 의해 300~500년에 걸쳐 천천히 식민지화된 반면, 아프리카 대륙은 급격한 식민지화 과정을 거쳤죠. 물론 아프리카 역시 처음에는 바다를 접한 연안 지역을 중심으로 유럽의 영향을 받았습니다. 평균 해발고도 600미터에 밀림과 사막으로 이뤄진 내륙은 유럽인들에게 두려움의 대상이었죠. 그러나 1881년부터 단 15년 사이 아프리카의 중심부까지 대부분의 지역이 유럽 열강들의 식민지로 전락하게 되는데요, 발단은 탐험가들 때문이었습니다. 영국의 선교사이자 탐험가 리빙스턴이 잠베지강을 따라 탐험을 하다가 엄청난 폭포를 발견하죠(1855년). 그가 영국 여왕의 이름을 붙인 빅토리아 폭포^{Victoria Falls}(모시 오아 툰야 폭포: '천둥처럼 울리는 연기'라는 뜻)는 아프리카 대륙에 대한 환상을 불러일으키기에 충분했습니다. 이에 미국의 신문기자 스탠리가 신문사 뉴욕헤

럴드의 지원을 받아 콩고강 탐험을 성공적으로 끝내고, 이 지역의 풍부한 가능성을 소개합니다(1876년). 이때 아프리카에 식민지가 전혀 없던 벨기에의 왕 레오폴드 2세가 스탠리를 고용해 콩고를 식민지로 만드는 실질 조사를 시작합니다. 아프리카에 본격적으로 엄청난 비극이 찾아든 순간이었습니다.

1883년 벨기에가 갑자기 콩고에 대한 영유권을 주장하자 유럽의 다른 나라들이 강력하게 항의를 합니다. 이에 아프리카 식민지 획득에 야심이 있던 독일의 비스마르크가 중재에 나서면서 1884년 베를린에서 미국을 포함한 유럽의 14개국이 100일 이상 이어진 회의로 아프리카를 자기들 마음대로 폭풍 분할해버립니다. 원래부터 나일강, 콩고강, 니제르강, 잠베지강처럼 커다란 하천이나 호수가 있던 지역은 그에 따라 국경선이 비슷하게 정해지게 된 것입니다. 하지만 아프리카 북단의 사하라 사막과, 아프리카 남단의 칼라하리 사막 주변 국가들은 글자 그대로 자를 대고 선을 그은 것처럼 국경선이 반듯하게 그어졌죠.

이런 폭풍 분할의 폐해는 상상을 초월했습니다. 그 이전에도 300년에 걸쳐 아프리카 원주민 1,200만 명이 아메리카에 노예로 팔려

갔고, 노예선에서 죽은 이만 150만 명에 달했습니다. 그러나 아프리카 대륙에 대한 침탈은 이때부터 본격적으로 이뤄지기 시작합니다. 벨기에는 고무와 같은 천연자원을 수탈하며, 15년 동안 콩고 인구의 절반에 이르는 1,000만 명이 넘는 원주민을 참혹하게 살해하죠. 아프리카 대부분의 지역에서 이와 같은 끔찍한 학살이 발생했다고 보면 됩니다.

이런 아프리카의 참혹한 상황은 제2차 세계대전이 끝나고 유럽 열강들의 세력이 약해지면서 변화를 맞이합니다. 대부분의 식민지들이 1950~1970년에 독립을 하게 된 것이죠. 그런데 서구 열강이 각 부족들의 삶의 터전을 전혀 고려하지 않고 국경선을 나누었던 문제가 차츰 불거지기 시작했습니다. 자신들의 이익을 위해 일부러 다른 부족들 간에 살육을 부추긴 경우도 정말 허다했죠. 이것이 현재까지 아프리카의 내전과 국경 분쟁을 일으키고 있는 원인입니다. 독재 정부가 부패한 원인 또한 90퍼센트 이상이 이러한 문제 때문이고요. 이런 점에서 아프리카의 비극과 참혹한 고통을 초래한 열강들은 아프리카에 대한 경제 지원, 난민 문제 등등 여러 가지 면에서 절대 자유로울 수 없고 분명히 이의 해결을 도울 책임과 의무가 있습니다.

남아공 지역에는 3,000년 전쯤부터 코이산족(코이코이족＋산족)이 거주하고 있었습니다. 이후 중북부에서 반투족이 내려와 터전을 닦았죠. 그러다가 1488년 포르투갈이 희망봉을 발견해 처음으로 유럽에 알렸고, 네덜란드가 1652년에 인도 진출을 위해 동인도회사를 설립하며 케이프타운에 교두보를 만들게 됩니다. 그러면서 네덜란드에서 이주해 온 농민(보어인)들이 이곳에 거주하기 시작하죠. 이후 다이아몬드와 금이 대량 발견되면서 영국이 보어인들과의 전쟁(1889년)에서 승리해 이곳을 차지합니다. 그리고 1948년부터 46년 동안 인종에 따라 땅의 소유, 거주지, 선거와 출입의 자유를 제한하는 아파르트헤이트를 시행하죠.

이런 역사를 배경으로 남아공은 아프리카에서 백인 거주자가 가장 많은 나라입니다. 남아공은 대한민국의 12배 정도 되는 넓은 국토에 사막, 해양성, 아열대 등 다양한 기후를 보이고 있죠. 그중에서 살기 좋은 지중해성 기후인 케이프타운 같은 대도시는 백인들이 독차지하고 있습니다. 참고로, 혁신 기업가 일론 머스크, 아카데미 여우 주연상을 받은 샤를리즈 테론, 〈반지의 제왕〉의 저자 톨킨이 모두 남아공 출신입니다. 지중해성 기후인 케이프타운 근처에만 560개가 넘는 와이너리가 있을 만큼 남아공은 와인의 주된 산지이기도 합니다. 또한 밀러, 호가든, 버드와이저 등 전 세계인에게 유명한 맥주들이 19세기 말 남아공의 회사 사브밀러^{SAB Miller}에서 시작되었습니다. 이와 함께 현재 전 세계 백금 생산량의 80퍼센트가 남아공에서 나옵니다.

❶ 자를 대고 자른 듯 반듯반듯한 아프리카의 국경선에는 유럽 열강들의 탐욕이 숨어 있습니다.

❷ 남아공의 케이프타운에 백인이 많고 와인 생산지가 풍부한 이유는 지중해성 기후 때문입니다.

· 어록의 발견 ·

넬슨 만델라의 명언을 영어로 표현해볼까요?

만일 어떤 이에게 그가 이해할 수 있는 언어로 말한다면 그것은 그의 머리로 갈 겁니다. 만일 그에게 그의 언어로 말을 한다면 그것은 그의 마음으로 갈 테고요.

If you talk to a man in a language he understands, that goes to his head. If you talk to him in his language, that goes to his heart.

이근철의 고품격 컬처 수다
교양의 발견

계속해서 떨어지는 물방울이 바위에 구멍을 낸다.

리투아니아 속담

쇠사슬은 가장 약한 고리만큼만 강하다.

라트비아 속담

흙은 황금보다 더 소중하다.

에스토니아 속담

먼저 작은 물방울을
만들라

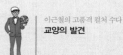

이근철의 고품격 펀처 수다
교양의 발견

만일 다른 사람들이 내 집을 차지하고서 주인 행세를 하며, 나를 종 부리듯 한다면 어떨까요? 너무 황당해서 말도 안 나올 겁니다.

그런데 실제로 1939년 발트해 연안의 리투아니아, 라트비아, 에스토니아에서 이런 일이 벌어졌습니다. 소련의 스탈린이 독일의 히틀러와 밀약을 맺고 세 나라를 소련의 속국으로 삼아버린 것이죠. 조약에 서명한 외무 장관들의 이름을 딴 '몰로토프−리벤트로프 조약'을 통해 발트 3국을 무력으로 점령한 소련은 내정간섭, 자유 침해, 언어와 종교 박해를 일삼았습니다. 소련의 압정에 맞서 대항하던 이들은 숙청을 당하거나 시베리아로 유형을 떠나야 했죠. 심지어 3국의 국민들을 제2차 세계대전에 내몰며 세계에는 이들 국가의 자발적인 요청과 참여로 이루어진 일이라고 포장을 했습니다. 하지만 50년 동안이나 이어진 탄압도 1989년 마침표를 찍게 됩니다. 그것도 단 한 발의 총성도 없이 말입니다. 과연 어떤 일이 있었던 것일까요?

1989년 8월 23일, 발트 3국에서 엄청난 일이 벌어졌습니다. 남녀노소를 가리지 않은 수많은 시민이 고속도로로 몰려나와 도로 한가운데에 선 채 서로서로 손을 맞잡고 인간 사슬을 만들기 시작한 것입니다. 시간이 흘러 저녁 7시가 되었을 무렵, 리투아니아의 수도 빌뉴스에서 라트비아의 수도 리가를 거쳐 에스토니아의 수도 탈린까지 이어진 인간 사슬의 길이는 무려 675.5 킬로미터에 달했습니다. 자그마치 200만 명의 시민들이 인간 사슬을 이룬 채 자국을 점령한 소련의 횡포를 전 세계에 알렸던 것입니다. 당시 3국의 인구를 다 합해도 800만 명이 채 되지 않았다는 점을 고려하면 정말 기적과도 같은 사건이 아닐 수 없었습니다.

이날의 강렬한 비폭력 시위에 소련은 밀약의 존재 자체를 부정하려 했습니다. 밀약의 존재를 인정하는 것은 결국 부당한 점령을 인정하는 셈이었으니까요. 그러나 소련은 미국의 조지 부시 대통령과 독일의 헬무트 콜 총리의 강력한 대응에 뒤로 물러설 수밖에 없었습니다. 같은 달 31일 인간 사슬을 주도했던 활동가들은 유엔 사무총장에게 소련의 불법 점령을 조사하기 위한 진상파악위원회 파견을 요청합니다. 이후 다양한 노력을 통해 발트 3국은 독립을 쟁취하며 소련 군대의 철수를 이뤄낼 수 있었죠. 물론 고르바초프 소련 대통령의 페레스트로이카[perestroika]와 타이밍이 절묘하게 맞아떨어졌다는 점도 무시할 수는 없을 것입니다.

그런데 지금처럼 SNS나 스마트폰은 고사하고 휴대전화도 없던 시절, 어떻게 같은 날 같은 시각에 시민이 200만 명이나 함께 손을 맞잡는 기적을 이뤄낼 수 있었을까요? 국경을 초월한 이 역사적인 사건의 원동력을 세 나라의 속담에서 찾아보겠습니다.

먼저 리투아니아의 속담입니다. "계속해서 떨어지는 물방울이 바위에 구멍을 낸다." 무슨 뜻인지 바로 와 닿을 텐데요, 알다시피 바위에 구멍을 내기 위해서는 인내의 시간이 필요합니다. '계속해서 떨어지는 물방울'이란 표현처럼 실제로 발트 3국은 1989년의 기적을 단번에 이뤄낸 것이 아닙니다. 규모는 작았지만 1986년, 1987년, 1988년에도 인간 사슬을 이뤄 발트 3국의 목소리를 세계에 알리려 노력했습니다. 1960년대, 1970년대에도 민족주의 운동을 펼치며 독립을 위해 끊임없이 노력했죠. 다시 말해, 자유와 독립을 위한 열망을 쉼 없이 표출했기에 1989년의 역사적인 기적이 가능했다는 뜻입니다.

이런 꾸준함이 주는 힘과 지혜는 세계적인 베스트셀러 작가들의 인터뷰에서도 여실히 드러납니다. 적게는 몇천만 부에서 많게는 5억 부 이상을 판매한 작가들에게 꿈을 이룬 비결을 묻자, 공통적으로 강조한 한 가지가 있었습니다. 그것은 바로 하루도 빠지지 않고 날마다 정해진 시간에 조금씩이라도 꾸준히 글을 쓴다는 것이었죠!

우리는 늘 빠른 성공의 비결을 찾습니다. 하지만 이미 성공을 일군 이들은 말합니다. 가장 단순해 보이는 것을 날마다 즐겁게 반복하는 것, 그것이 가장 강력한 성공 비법이라고 말이죠!

이번에는 라트비아의 속담 "쇠사슬은 가장 약한 고리만큼만 강하다"를 살펴보겠습니다. 1989년 당시 발트 3국의 200만 명 시민이 만들어낸 675.5킬로미터에 이르는 인간 사슬은 어느 한군데 약한 고리가 전혀 없이 탄탄했는데요, 이것이 바로 그들을 독립으로 이끈 엄청난 힘이었습니다. 이 속담은 일이 잘 풀릴 때(강한 고리)도 중요하지만, 힘든 일이 생기거나 위기가 닥쳤을 때(약한 고리)의 태도가 훨씬 더 중요하다는 커다란 교훈을 우리에게 줍니다. 힘든 일로 무너져 그냥 주저앉아 포기한다면 인생에 더 이상 그 어떤 기회도 주어지지 않을 테니까요.

마지막으로, 에스토니아의 속담 "흙은 황금보다 더 소중하다"는 흙이야말로 모든 생명체를 잉태하고 키워내는 근본이며, 인간이 마지막으로 돌아갈 소중한 곳이라는 의미입니다. 실제로 우리가 먹는 좋은 음식, 몸과 마음의 건강, 또 진정한 행복을 알려주는 노동의 땀방울도 모두 자연에서 나옵니다. 이 사실을 쉽게 잊기에 우리는 경제적·정치적 권력에 집착하고 탐욕을 부리게 됩니다. 이 점을 일깨웠던 인간 사슬 사건은 2009년 유네스코 세계기록유산으로 등재되었습니다. 오랫동안 핍박과 탄압을 겪었던 발트 3국의 국민들은 인간 사슬의 경험을 통해 자국의 후손들에게 "미약한 듯 보이는 작은 힘이 모이면 상상도 못 할 엄청난 결과를 만들어낼 수 있다"라는 황금보다도 더 소중한 교훈을 남겨줄 수 있게 되었죠. 그리고 이날의 경험은 발트 3국뿐만 아니라 전체 인류를 위한 흙과 같은 자양분이 되어줄 것이라 확신합니다.

저를 포함한 우리 모두 거짓, 탐욕, 독선이 아니라 배려, 나눔, 열린 생각이 마음에 가득하기를 바랍니다. 그러면 남에게 보여주기 위한 행복 또는 지위나 힘으로 빼앗아 얻는 행복이 아니라, 정말로 마음 가득 뿌듯한 행복을 느끼는 매 순간이 될 테니까요.

❶ 가장 단순해 보이는 것을 날마다 즐겁게 반복하는 것, 이미 성공한 이들의 가장 강력한 비결입니다.

❷ 일이 잘 안 풀리는 시기를 슬기롭게 대처하는 것이 전체 인생을 놓고 보았을 때 훨씬 더 중요합니다.

같은 듯 다른 세 이웃

유럽 국가들 중에 여성 100명당 남성이 85~87명 정도밖에 되지 않는 극심한 성비性比 불균형을 보이는 나라들이 있습니다. 공교롭게도 이들 국가는 국경을 맞대고 있는데요, 어디일까요? 바로 리투아니아, 라트비아, 그리고 에스토니아입니다. 모두 같은 바다(발트해)를 접하고 있어 발트 3국이라고도 불리는 이 나라들은 왜 모두 성비 차이가 높게 나타날까요?

발트 3국은 우리에게 익숙하지 않은 나라들인데요, 그 이유는 몇 가지가 있습니다. 리투아니아(300만 명), 라트비아(200만 명), 에스

토니아(130만 명)의 인구를 모두 합쳐도 서울의 인구보다 적고, 국
토도 각각 대한민국의 65퍼센트, 64퍼센트, 45퍼센트 정도밖에
되지 않죠. 게다가 특별한 천연자원이 매장되어 있거나 과거 유럽
의 다른 열강들처럼 식민지를 많이 가졌던 나라도 아닙니다. 발트
3국의 국명은 모두 '땅'을 뜻하는 접미사 -ia로 끝이 나는데요, 불
가리아, 루마니아, 크로아티아, 슬로베니아, 볼리비아, 인디아, 오스
트레일리아를 비롯한 많은 나라도 이에 해당하죠. 발트 3국은 1인
당 국내총생산GDP도 서로 비슷하며, 가장 높은 산이 해발 300미터
정도에 불과한 저지대에다 수천 개의 작은 호수와 수많은 하천과
습지가 있는 것도 똑같습니다. 게다가 50년(1939~1989년) 동안 소
련의 핍박을 받았던 공동 운명체이기도 하죠. 이 3개국이 모두 성
비 불균형을 나타내고 있는 것 역시 제2차 세계대전 당시 소련의
강요로 전쟁에 내몰려 남성들이 많이 희생되었기 때문입니다.

이렇게 공통점이 많은데도 발트 3국이 하나의 나라가 되지 않은 이
유는 무엇일까요? 일단 민족이 다르기 때문이고, 둘째는 언어가 다
르기 때문입니다. 가장 북쪽에 위치한 에스토니아는 핀란드와 같은
핀Finn족입니다. 언어도 핀란드어와 비슷하고, 사고방식이나 가치
기준도 핀란드와 닮았죠. 세계에서 1인당 사우나 수가 가장 많은

핀란드와 마찬가지로 에스토니아에도 사우나 전통이 전해 오고 있습니다. 실제로도 에스토니아는 핀란드와 각별한 관계를 유지하고 있죠. 참고로, 핀란드와 에스토니아의 핀족은 동양인(몽골 훈족)의 유전자를 가진 민족입니다. 그래서 그들의 얼굴에서 동양인의 모습이 발견되는데요, 동유럽의 헝가리도 핀족의 사촌이라고 보면 됩니다. '헝가리'라는 국명 자체가 훈^{Hun}족에서 나온 것이니까요.

반면, 에스토니아 아래에 위치한 라트비아와 리투아니아는 2,700여 년 전에 인도 북부에서 이동해 온 인종과 원주민의 혈통이 섞여 토착화된 민족입니다. 그래서 두 나라의 언어는 주변 다른 나라들과 많이 다릅니다. 오히려 인도의 산스크리트어와 비슷하죠. 예를 들어 리투아니아어를 보면 '누구^{kas}', '언제^{kada}'처럼 산스크리트어와 동일한 단어들도 눈에 띄고, '신^{dievas/devas}', '불^{ugnis/agnis}'처럼 산스크리트어와 비슷한 단어들도 많이 발견됩니다. 그러면 왜 라트비아와 리투아니아는 하나의 나라로 합쳐지지 않았을까요?

이는 역사적인 사건들 때문인데요, 11세기 말부터 유럽은 200년 가까이(1096~1291년) 십자군 전쟁으로 혼란스러웠습니다. 프랑스를 비롯한 크리스트교 국가들은 이슬람 세력인 투르크(지금의 터키)의

위협에 처한 비잔틴제국(지금의 이스탄불)을 수호하기 위해 기사들을
파견했죠. 교황 우르바노 2세의 요청으로 예루살렘 성
지를 탈환하고 크리스트교를 보호하는 임무를
띤 성전에 참여한 것입니다.
아홉 차례에 걸친 대규모 원정을
통해 유럽은 수많은 변화

를 겪게 됩니다. 이슬람의 문물이 전해지며 유럽의 급속한 발전을 이끌었고, 전쟁 기지 역할을 하던 베네치아와 제노바 같은 도시들이 급성장하기도 했죠. 그중에 독일 북부에서 세력을 확장한 튜턴 기사단Teutonic Knights이 포교 활동을 목적으로 리보니아(지금의 에스토니아와 라트비아)까지 진출하게 됩니다. 이때 발트 3국에 처음으로 크리스트교가 전파되는데요, 리투아니아는 폴란드와 힘을 합쳐 튜턴 기사단의 진출을 막아냅니다(1409년). 그리고 전쟁에서 승리하며 관계가 돈독해진 리투아니아와 폴란드는 1569년 연방 왕국을 건설해 200년 넘게 지속하죠. 이와 달리 에스토니아와 라트비아는 1629년부터 100년 정도 스웨덴의 지배를 받게 됩니다. 그 결과 리

투아니아와 라트비아는 비슷한 민족에 유사한 언어를 사용하지만 함께할 수 없었죠. 이런 상황은 발트 3국의 종교 분포와도 일치합니다. 리투아니아는 폴란드의 영향으로 가톨릭교 신자가 80퍼센트로 가장 많은 반면, 튜턴 기사단과 스웨덴의 영향을 받은 에스토니아와 라트비아는 개신교(루터교)의 비중이 높습니다.

이후 18~19세기에 러시아제국이 스웨덴과 전쟁을 벌여 발트 3국을 지배했고, 한때 독립을 했던 3개국을 다시 소련이 침공해 50년 동안 지배했습니다. 소련이 발트 3국에 끊임없이 탐욕을 부린 이유는 딱 하나입니다. 겨울에도 바다가 얼지 않는 항구(부동항)를 확보하기 위해서죠. 이를 통해 1년 내내 교역이 가능하고 세력 진출에도 유리하기 때문입니다. 제2차 세계대전에서 연합군 쪽에 섰던 러시아가 전쟁이 끝난 뒤 포츠담회담을 통해 폴란드와 리투아니아 사이에 칼리닌그라드라는 월경지越境地(본토와 떨어져 다른 나라에 둘러싸여 격리된 곳)를 획득한 것도 이 때문입니다. 현재 칼리닌그라드에는 44만여 명의 인구가 거주하고 있죠. 이렇듯 강대국 틈바구니에서 같은 듯 다른 운명 공동체의 역사를 써왔던 발트 3국. 현재는 하이테크 기술과 다양한 아이디어를 접목시켜 높은 경쟁력을 갖추고 있는데요, 대표적으로 스카이프(영상통화)와 핫메일(이메일)이 에스토니아인이 개발한 프로그램입니다. 세 나라 모두 농구 마니아 국가이며 다들 노래를 좋아하는데요, 에스토니아는 민요의 수만 13만 개에 달한다고 합니다. 리투아니아 혈통의 미국인으로는 영화배우 숀 펜과 노벨 문학상을 받은 가수 밥 딜런이 있습니다.

KEY-POINT

❶ 발트 3국의 성 비율의 불균형은 소련 연방의 억압 속에 전쟁으로 내몰린 남성들이 희생되었기 때문입니다.

❷ 에스토니아어는 핀란드어와 가깝고, 라트비아와 리투아니아의 언어는 인도의 산스크리트어와 가깝습니다.

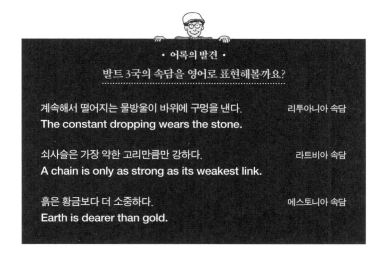

· 어록의 발견 ·
발트 3국의 속담을 영어로 표현해볼까요?

계속해서 떨어지는 물방울이 바위에 구멍을 낸다.　　　리투아니아 속담
The constant dropping wears the stone.

쇠사슬은 가장 약한 고리만큼만 강하다.　　　라트비아 속담
A chain is only as strong as its weakest link.

흙은 황금보다 더 소중하다.　　　에스토니아 속담
Earth is dearer than gold.

Happiness

행복
하니?

격정은 위에 최악의 독약이고,
만족은 단 하나의 진정한 부이다.
————————————
알프레드 노벨(스웨덴)

만족감은
어디에?

이근철의 고품격 컬처 수다
교양의 발견

우리는 항상 경제적으로 여유 있는 삶을 동경합니다. 경제적 안정성이 생존을 넘어 다양한 가능성을 실현할 수 있는 중요한 요소이기 때문이죠. 그렇다면 어느 정도의 부를 소유해야 행복해하며 만족할까요? 혹 '돈이야 많으면 많을수록 좋지!' 라고 생각하지는 않나요? 그럼 실제로 엄청난 부를 가진 이들의 행복 지수는 어떨까요? 세계적인 기업의 CEO 정도면 적게는 몇천억에서 많게는 몇십조의 부자들입니다. 현실감이 들지 않는 막대한 부를 가지고 있죠.

그런데 그들 중 일부는 전 재산의 대부분을 자식에게 물려주는 대신 사회에 기부할 예정입니다. 실제로 2010년에 시작된 기부 서약 운동The Giving Pledge으로 지금까지 180여 명의 부호들이 약 3,650억 달러(약 440조 원)의 기부를 약속했죠. 대한민국의 1년 예산보다 많은 엄청난 금액입니다. 그렇다면 이들은 왜 애써 모은 돈을 기부하려는 것일까요?

반면, 정반대의 모습을 보이는 사람들도 있습니다. 사회 전체를 위하기보다는 자신의 끝없는 욕심만 소중히 여기는 이들 말입니다. 그중에는 자신의 회사 직원들을 하인 취급하고, 고성과 욕설을 남발하고, 심지어 물건을 집어던지고 폭행을 하기도 하는 이들도 있습니다. 왜 이런 상식 밖의 행동을 하는 것일까요? 여기서 질문 하나 더 드립니다. 지금 내 재산이 2,000억 원이고 SNS 팔로어가 100만 명 정도 된다면 기분이 어떨까요? 이 정도면 무조건 행복할 것 같지 않은가요?

실제로 20대 중반의 나이에 순자산이 2,500억 원에 달하고 해마다 500억 원의 수입을 올리는 가수가 있습니다. 바로 저스틴 비버 이야기입니다. 그의 인스타그램과 트위터의 팔로어를 합하면 2억 명이 넘죠. 대한민국 인구의 4배가 넘는 엄청난 수의 사람들이 그의 일거수일투족에 관심을 가지고, '좋아요'를 평균 500만 개나 눌러줍니다. 이 정도면 그의 삶은 정말 행복해 보입니다. 하지만 오히려 그는 2013년부터 예상치 못한 행동들을 일삼습니다. 술집에서 난동을 부리고, 음주 난폭 운전을 하고, 파파라치를 폭행하고, 마리화나를 소지해 입건되고, 옆집에 달걀을 던지는 등 별의별 악행을 저지르죠. 모든 것을 다 가진 듯 보이는 그는 왜 이런 말도 안 되는 행동을 했을까요?

물론 저스틴 비버의 행동은 단순한 일탈일 수도 있습니다. 그러나 이를 뒤집어보면 인생에서 모든 것이 다 갖춰져 바랄 것이 없을 때가 가장 위험하다는 뜻도 됩니다. 결국 이 말은 행복에는 조건이 없으며, 반대로 조건을 달기 시작하면 행복은 항상 미래 시제가 된다는 것입니다.

우리는 보통 '원하는 학교에 들어가면', '승진을 하면', '연봉이 얼마가 되면', '집이 생기면', '여행을 간다면', '5년 뒤에는' 등등의 조건을 달며 행복을 꿈꿉니다. 하지만 조건을 달면 조건이 충족될 때까지의 기간은 고통과 인내로 채워야 한다는 뜻이 됩니다! 그러니 행복은 절대 미루지 말아야 합니다! 지금 이 순간 행복을 위한 연습을 해야 합니다. 익숙한 행복이어야 합니다. 익숙하지 않은 행복은 5년이나 10년 뒤에도 생경할 수밖에 없습니다. 행복은 현재 시제입니다. 그 어떤 조건도 달지 않고 즐거운 마음으로 날마다 도전할 수 있고, 경험을 쌓을 수 있고, 배울 수 있고, 나아가 다른 사람과 함께 건강하게 나눌 수 있음에 감사하면 그게 가장 커다란 행복이 아닐까요? 물론 이미 잘하고 계시겠지만요! 결론은 지금 행복해야 행복 근육이 단단해지고, 그게 내가 계획한 것을 차근차근 이루게 해주는 진정한 경쟁력이자 성공하는 힘의 원천이 됩니다.

"걱정은 위에 최악의 독약이고, 만족은 단 하나의 진정한 부이다"라는 노벨의 어록은 그런 점에서 우리에게 시사하는 바가 아주 큽니다. 알프레드 노벨Alfred Nobel(1833~1896년)은 스웨덴 스톡홀름에서 태어나 아홉 살에 무기 사업을 하는 아버지를 따라 러시아의 상트페테르부르크로 가게 됩니다. 그리고 아버지의 권유로 화학과 공학을 공부하기 위해 열여덟 살의 나이에 유학을 떠납니다. 미국에서는 증기기관의 원형을 디자인했던 발명가 존 에릭슨 밑에서 공부를 하고, 파리에서는 화학자 아스카니오 소브레로를 통해 액체 형태의 폭발물인 나이트로글리세린을 처음 접하죠. 러시아가 크림 전쟁에서 패하며 아버지의 사업이 몰락하자 노벨 가족은 스웨덴으로 돌아가게 됩니다. 그리고 노벨은 안전한 폭약을 만들기 위해 노력하는데요, 연구 중 폭발 사고로 다섯 명이 목숨을 잃고 맙니다. 그중에는 알프레드의 막내 남동생 에밀도 있었죠. 그러나 실의에 젖지 않고 3년을 더 연구한 끝에 드디어 안전한 폭약 다이너마이트를 만들어냅니다. 참고로, 다이너dyna-는 '힘'이라는 뜻의 그리스어에서 비롯되었습니다. 다이너마이트는 인간의 생활에 새로운 장을 열어주며 노벨에게 엄청난 부를 안겨줍니다. 하지만 동시에 전쟁에서는 무시무시한 살상 무기가 되었죠.

그러던 어느 날 프랑스 신문에 다음과 같은 부고 기사가 납니다. "죽음의 상인이 죽다"라고 말이죠. 프랑스의 칸을 방문했던 노벨의 형 루드비히 노벨Ludvig Nobel이 갑자기 사망했는데요, 그를 알프레드 노벨로 오인한 기사였습니다. 이에 충격을 받은 노벨은 평소 마음에 품었던 생각을 실천하기로 합니다. 재단을 만들어 자신의 재산 대부분(94퍼센트)을 기부하는 것이었죠. 그의 결심에는 엄청난 부에도 불구하고 술, 담배, 사교 모임 등을 멀리한 채 평생을 독신으로 소박한 삶을 살았던 그의 생활 습관도 한몫했을 겁니다. 더불어 다이너마이트 말고도 무려 354개의 특허를 가지고 있던 노벨은 본래 화학이나 공학보다는 문학을 더 사랑했는데요, 이런 그의 문학적 감성도 전 재산을 미련 없이 사회에 기부할 수 있는 바탕이 되었을 겁니다. 실제로 유언장을 작성한 1년 뒤 갑작스레 뇌출혈로 사망했을 때, 그는 자신이 쓴 산문 형식의 희곡《네메시스: 복수의 여신, 천벌》의 출간을 준비 중이었습니다.

아무튼 노벨의 유언에 따라 그가 남긴 재산을 기금으로 해서 1901년부터 노벨상 제도가 실시되었죠. 세계 최고의 권위를 자랑하는 노벨상은 처음에는 물리학, 화학, 생리학 및 의학, 문학,

그리고 평화, 이렇게 다섯 개 분야에서 인류를 위해 공헌한 이들에게 상을 수여했죠. 그러다가 1969년에 스웨덴의 국립은행이 노벨 재단에 기부를 하면서 경제학상이 신설되었습니다.

인류를 위해 노벨상이란 큰 가치를 남긴 알프레드 노벨의 말처럼 '진정한 부는 바로 내면의 만족'에 있습니다. 사실 우리는 누구나 '존재의 이유reason for being'와 가치를 남에게 증명하기를 바랍니다. 그래서 자꾸 남의 눈에 비친 내 모습에서 행복을 찾으려고 하죠! 하지만 세상이 말하는 행복이 아닌, 내가 원하는 행복이 무엇인지를 찾아야 합니다. 자신만의 행복을 발견하면 그 누구와의 비교도, 그 어떤 쓸데없는 걱정도 안 하게 됩니다. 그때가 바로 흔들림 없는 탄탄한 내면으로 여유 있는 미소를 짓는 진정한 부를 가진 것이 아닐까 합니다.

KEY-POINT

❶ 행복에 조건을 달면서 미루지 마세요. 행복은 미래 시제가 아니라 현재 시제입니다.

❷ 남과 비교하지 않는 '내면의 만족'이 가장 커다란 경쟁력이자 부입니다.

바이킹을 따라가면 보이는 것들

영화 〈토르〉에는 망치로 번개를 불러오는 천둥의 신 토르가 등장합니다. 애니메이션 〈드래곤 길들이기〉에는 용과 친구가 돼 모험을 하는 꼬마 주인공 히컵이 나옵니다. 이 두 영화는 모두 북유럽을 배경으로 하고 있습니다. 토르는 '북유럽 신들의 아버지'라고 불리는 오딘의 아들이고, 〈드래곤 길들이기〉의 배경은 바이킹 왕국이죠. 이처럼 우리는 바이킹 하면 언제나 북유럽을 떠올립니다. 하지만 실제로 바이킹의 발자취를 쫓다 보면 영국, 프랑스, 이탈리아, 아이슬란드는 물론 러시아까지도 닿아 있는 것을 알게됩니다.

그런데 북유럽 민족들은 왜 건장한 체격에 날렵한 배를 타고 마을이나 도시를 습격하는 무시무시한 바이킹의 이미지를 가지게 되었을까요? 들쑥날쑥한 피오르드 해안(피오르)으로 이루어진 노르웨이는 경작할 수 있는 땅이 3퍼센트에 불과합니다. 스웨덴도 경작지가 5퍼센트밖에 되지 않죠. 결국 북유럽인들은 식량 부족에 시달릴 수밖에 없었고, 이를 해결하기 위해 일찍부터 바다로 나가야만 했습니다. 생존을 위해 길쭉하고 날렵한 배를 건조하는 조선술을 발전시키고, 노르웨이에서 아이슬란드까지 해도도 없이 9일 만에 운항하는 항해 기술도 갈고닦아야 했던 것입니다. 이렇게 배의 바닥을 낮게 만들어 바다뿐만 아니라 강으로도 쉽게 운항하게 된 북유럽인들은 해안 도시뿐만 아니라 내륙의 도시도 약탈을 하며 유럽인에게 공포의 대상이 되었던 것이죠.

북유럽 지도를 보면 영국 건너편 위쪽에 노르웨이가 있고, 아래쪽에 덴마크가 있습니다. 스웨덴은 노르웨이와 덴마크 안쪽 발트해에 위치해 있죠. 이런 지리적인 상황을 보면 세 나라의 바이킹들이 어디로 진출했는지 금방 이해가 됩니다. 경작지가 충분했던 덴마크는 주로 영국의 동남부로 진출합니다. 하지만 경작지가 부족했던 노르웨이는 영국 북부의 스코틀랜드를 비롯해 아일랜드(더블린), 아이슬

이근철의 고품격 컬처 수다
교양의 발견

란드, 심지어 그린란드와 캐나다 동쪽 뉴펀들랜드까지 진출을 하죠. 프랑스 같은 경우는 센강을 따라 파리 코밑까지 들어와 수도원을 습격하고 마을을 약탈했습니다. 이것이 반복되자 프랑스의 왕은 바이킹의 우두머리 롤로에게 땅을 주며 영주에 봉하는 회유책을 쓰기도 했는데요(911년), 그곳이 바로 노르망디입니다. 노르망디 지명 자체가 '북쪽 길$^{nor+way}$에서 온 사람들의 땅' 이라는 뜻이죠. 노르망디에 정착한 바이킹들은 해협을 건너 영국에서 새로운 왕조(노르만왕조: 정복왕 윌리엄)를 열기도 합니다(1066년). 프랑스의 영주가 영국에서 왕이 되는 흥미로운 상황이 펼쳐진 것이죠. 훗날 프랑스의 통치권을 두고 영국과 프랑스가 100년 동안 전쟁을 벌이게 된 최초의 원인도 이 때문입니다. 또 노르웨이는 지중해까지 진출해 스페인 바르셀로나와 이탈리아 남부의 시칠리아에도 그 흔적을 남기는데요, 12~19세기 시칠리아왕국을 연 이들 역시 크리스트교로 개종한 바이킹족입니다.

그런데 바이킹은 왜 9~12세기까지만 역사에 등장할까요? 북유럽인들은 800년 무렵 철기 문화를 마무리하면서, 인구도 늘고 배를 만드는 조선술도 완성할 수 있었습니다. 이때는 강력했던 로마(400년까지)와 프랑크왕국(870년까지)도 힘이 약해질 때였죠. 북유럽인들이 세력을 넓히기에 딱 좋았던 시기였다는 뜻입니다. 그러나 12세기 이후 본래 목적이었던 새로운 정착지(프랑스와 이탈리아)에 정착하면서 바이킹은 더 이상 약탈을 위한 항해에 나설 필요가 없게 된 것이죠. 참고로, 바이킹은 용맹한 긍정적인 이미지보다 약탈, 방화, 두려움의 부정적 대상으로 더 많이 묘사되는데요, 이는 룬문자(상형문자)를 쓰던 바이킹이 자신들이 정착한 지역에 빨리 융합되었기 때문입니다. 오랜 시간이 흘러 피해를 입었던 국가들에 의해

바이킹에 대한 내용이 실제보다 더 과장되게 기술된 것이죠.

다시 북유럽으로 돌아와, 스웨덴과 노르웨이가 위치한 스칸디나비아반도는 1만 3,000년 전까지 빙하로 뒤덮여 있었습니다. 빙하가 녹고 약 8,000년 전부터 남부를 중심으로 사람들이 거주하기 시작했죠. 이후 9세기 바이킹의 시대가 찾아오기 전까지 스칸디나비아반도에는 작은 왕국들이 난립하고 있었습니다. 스웨덴은 발트해 안쪽에 위치해 있어 영국 쪽으로(북해, 대서양) 항해하는 데 경쟁력이 떨어져 발트해 북쪽, 주로 러시아로 진출하게 됩니다. 스웨덴 바이킹에게 러시아의 수많은 강(드네프르강, 드네스트르강, 볼가강 등등)은 편안한 수로에 불과했습니다. 이들은 모피와 벌꿀, 보석 호박 등을 가지고 러시아와 교역을 했는데요, 그중 모피의 집산지에 건설한 도시가 바로 '새로운 도시'라는 뜻의 노브고로트Novgorod입니다. 그리고 아래로 꾸준히 진출하며 흑해로 가기 중간 지점에 건설한 공국이 키예프로 현재 우크라이나의 수도죠. 이들은 흑해를 통해 이스탄불과, 카스피해를 건너 바그다드와도 교역을 했습니다. 정말 이들의 항해술에 놀랄 따름입니다.

이들 바이킹은 배를 잘 저었기 때문에 슬라브어로 '루스(rus: 노를

젓는 사람'이라고도 불렸는데요, 이들이 정착한 땅(-ia)이 바로 러시아(Russ +ia)가 된 것이죠. 러시아는 슬라브족이 주를 이루고 있지만 다양한 민족이 뒤섞여 있는데요, 스웨덴인과 비슷한 금발 백인이 눈에 많이 띄는 게 바로 이 때문입니다. 참고로, 바이킹 교역의 길목에 있던 벨라루스^{Belarus}의 어원 역시 '흰^{bela} 루스인^{Rus}'이라는 뜻이죠. 그래서 한때 '백러시아'로도 불렸습니다.

스웨덴은 14세기 초중반 흑사병(1350년)으로 인구의 3분의 2를 잃게 됩니다. 이후 덴마크, 노르웨이와 동맹(칼마르 동맹, 1397년부터 120년간)을 꾀하기도 하죠. 하지만 스웨덴이 유럽의 강국이 된 것은 1523년 구스타브 바사가 왕위에 오르면서부터입니다. 그는 개혁을 단행하며 교황과 거리를 두고 루터교로 개종을 합니다. 스웨덴 국민의 87퍼센트가 스웨덴 국교(복음 루터교)를 믿고 있는 것도 이 때문입니다. 개혁을 통해 힘을 축적한 스웨덴은 1611년부터 100년 동안 핀란드와 에스토니아 등을 합병하며 발트해 전역을 다스리는 스웨덴제국을 이루었습니다. 또 1814년부터 노르웨이를 100년 정도 지배하기도 했죠.

그러나 제1, 2차 세계대전에서는 모두 중립국으로 남았고, 한때 국내 사정이 어려워 많은 이들이 미국으로 이민을 떠나기도 했습

이근철의 고품격 컬처 수다
교양의 발견

니다. 현재는 다양한 천연자원(수력, 삼림, 금, 은, 우라늄)과 첨단 기술(무기, 석유정제, 선박, 자동차, 철강, 기계)을 자랑하며 세계에서 가장 복지 제도가 잘 갖추어진 국가로 유명합니다. 4인조 혼성 그룹 아바^{ABBA}가 스웨덴 출신이고, 조립 가구 업체인 이케아^{IKEA}도 스웨덴 기업입니다.

KEY-POINT

❶ 바이킹의 흔적이 남아 있는 곳은 프랑스, 영국, 이탈리아, 우크라이나, 러시아 등 다양합니다.

❷ 스웨덴은 탄탄한 경제력을 바탕으로 세계 최고의 복지 제도와 투명한 정치를 실현하고 있습니다.

· 어록의 발견 ·

알프레드 노벨의 명언을 영어로 표현해볼까요?

걱정은 위에 최악의 독약이고, 만족은 단 하나의 진정한 부이다.

Worry is the stomach`s worst poison and contentment is the only real wealth.

우리가 정복하는 것은 산이 아니라 바로 우리 자신이다.

에드먼드 힐러리 경(뉴질랜드)

정복하라,
자신부터

마라톤을 하다 보면 중간에 몇 번의 고비가 찾아옵니다. 힘차게 내디뎠던 발걸음이 무겁게 느껴지는 5킬로미터를 지나, 10킬로미터 정도가 되면 숨이 턱까지 차오릅니다. 그냥 포기하고 싶은 유혹이 생기죠. 하지만 이를 극복하면 러닝하이running high 현상이 찾아와 중간 지점인 20킬로미터까지는 힘든 느낌도 줄어듭니다. 하지만 근육의 식량인 글리코겐이 거의 다 소모되는 30킬로미터 지점에 이르면 이야기가 달라집니다. 이때부터 마라톤에서 가장 힘든 고비가 시작됩니다. 포기와 완주 사이에서 생각이 수없이 교차합니다. 이 마지막 위기를 극복하면 결승점이 보이고, 그렇지 못하면 완주를 포기하게 되는 것이죠. 모든 운동이 다 힘들지만 마라톤은 유독 인내의 시간이 길게 느껴지는 운동입니다.

그런데 무거운 짐을 지고 마라톤을 한다면 어떨까요? 그것도 시간이 지날수록 산소가 희박해진다면요? 정말 지옥이 따로 없을 겁니다. 게다가 지옥 같은 시간이 짧게는 몇 주, 길게는 몇

달이 걸린다면, 그리고 목숨까지 걸어야 한다면 어떨까요? 그런데 엄두조차 내기 힘든 이런 과정이 바로 히말라야산맥의 8,000미터 이상 14개 최고봉을 등정하는 과정입니다.

대한민국은 세계 최고의 산악인들을 자랑합니다. 1977년 대한민국 최초로 에베레스트산을 등정한 고상돈부터 한국 여성 최초 등반자인 지현옥, 에베레스트산과 7대륙 최고봉, 남·북극점을 모두 등반한 허영호, 히말라야 14개좌를 모두 등반한 엄홍길, 한왕용, 김재수, 김창호도 있고, 히말라야 14좌뿐만 아니라 7대륙 최고봉을 완등하고 남·북극점 원정에 성공해 세계 최초로 '탐험가 그랜드슬램'을 달성한 박영석까지 인류의 등반사에 커다란 족적을 남기고 있죠. 그렇다면 지구에서 가장 높은 산 에베레스트(8,848미터)를 인류 최초로 등정한 산악인은 누구일까요? 바로 뉴질랜드의 산악인 에드먼드 힐러리 경^{Sir Edmund Hillary}(1919~2008년)입니다.

지금처럼 전문적인 등산 장비가 없던 1953년 힐러리 경은 인류 최초로 에베레스트 등정에 성공합니다. 이는 1969년 닐 암스트롱의 달 착륙에 버금가는 엄청난 일이었죠. 이에 영국 여왕에게서 기사 작위와 훈장을 받고, 뉴질랜드 5달러 지폐에 초상이 실리기도 했죠. 참고로, 힐러리와 암스트롱은 1985년 함께 북극 탐험을 하기도 했습니다.

그러나 힐러리 경이 전 세계적으로 존경을 받는 이유는 단지 최초의 에베레스트 등정 때문만은 아닙니다. 그는 2008년 세상을 떠나기 전까지 재단을 설립해 히말라야 오지에 학교와 병원을 세우고 도로와 다리를 놓아 가난한 네팔인들을 돕는 일에 헌신했습니다. 그는 자신이 이룬 명성이 자신만의 노력으로 빚어진 결과물이 아니라, 언제나 등반을 함께하며 도움을 준 동료들과 세르파 덕분이었음을 잊지 않았죠. 그렇기에 자신이 얻은 부와 명성을 열악한 처우와 생활고에 시달리는 네팔인들에게 나누어야 한다고 생각했던 것입니다. 2007년 뉴질랜드 역사상 가장 신뢰받는 인물이 누구인지를 뽑는 〈리더스 다이제스트〉의 조사에서 1위로 꼽힌 이가 바로 힐러리 경이었죠.

힐러리 경은 뉴질랜드의 옛 수도인 오클랜드에서 태어났습니다. 지역신문의 발행인이자 양봉업에 종사하던 엄격한 아버지 밑에서 자랐는데요, 오히려 어렸을 때는 또래보다 덩치가 작아 자신감이 없었다고 합니다. 아버지의 권유로 직접 돈을 벌어

2년 정도 중학교에 일찍 입학한 그는 문학을 좋아했고, 특히 등산 관련 책을 많이 읽었습니다. 대학에서는 수학과 과학을 전공으로 선택했지만 그보다는 산행 클럽에서 두각을 나타냈죠. 이때 그는 자신감을 얻고 신체적으로도 급성장을 합니다. 공군에 입대해 제2차 세계대전에 참전하기도 했던 그는 아버지의 양봉업을 도우며 틈날 때마다 등산 코스를 정해 꾸준히 훈련을 했습니다. 이런 노력 덕분에 1950년 영국등반협회의 에베레스트 원정 팀에 초대받을 수 있었죠. 1952년 초오유산(8,201미터) 등정에 실패하지만, 1953년 5월 29일 오전 11시 30분 마침내 셰르파 텐징 노르가이와 함께 인류 최초로 세계에서 가장 높은 곳에 서게 됩니다. 이때 다음 사람을 위해 에드먼드 힐러리 경은 십자가를, 텐징 노르가이는 초콜릿을 에베레스트 정상에 놓아두었습니다.

통계에 따르면 산악인들의 7퍼센트 정도가 등반 도중에 목숨을 잃는다고 합니다. 그런데도 그들은 왜 계속해서 산 정상을 향해 도전할까요? 힐러리 경이 남긴 명언이 이에 대해 분명한 답을 내놓습니다.

"우리가 정복하는 것은 산이 아니라 바로 우리 자신이다."

맞습니다! 우리가 궁극적으로 도전하고 정복하려는 것은 결과물이 아닙니다. 자기 자신, 즉 나의 생각과 나의 존재와 스스로의 가치를 확인하기 위함입니다. 이를 잘 알고 있었기에 힐러리 경은 '최초'라는 수식에 따라온 온갖 명예와 부를 혼자서 차지하지 않고 함께 등반한 동료들과 셰르파 텐징 노르가이, 나아가 낙후된 생활에 힘겨워하는 네팔인들과 나누려 했던 것입니다.

우리는 누구나 원하는 분야에서 1등을 꿈꿉니다. 1등을 향한 꿈은 자신을 위해서도 인류의 발전을 위해서도 지극히 정상이며 당연한 겁니다. 하지만 1등 자체가 최종 목표가 되어버리면 결국 우리는 많은 것들을 잃고 맙니다. 1등을 이루는 과정이 즐거움보다는 고통과 인내의 시간이 될 테니까요. 그렇게 1등을 하면 고통과 인내에 대한 보상심리가 작용하게 됩니다. 이를테면 과도하게 대접받고 싶어 하거나, 1등이라면 마땅히 누려야 한다는 기대치에 다른 사람들에게 '갑질'을 하는 거죠. 하지만 반대로, 1등을 향한 과정을 차근차근 즐길 때에는 1등이 되어서도 다른 이들과 기쁨을 나눌 수 있습니다. 행복감이 훨씬 더 커지는 것은 두말할 것도 없을 테고요.

행복을 함께 나눌 준비가 된 1등은, 결국 행복을 즐겁게 나눠 주는 또 다른 1등을 만듭니다.

❶ 그 누구도 1등이 되도록 태어나지는 않습니다. 단지 1등이 될 공정한 시간이 주어질 뿐입니다.

❷ 행복을 함께 나눌 준비가 된 1등은, 결국 행복을 즐겁게 나눠 주는 또 다른 1등을 만듭니다.

이근철의 고품격 컬처 수다
교양의 발견

마지막 미지의 땅

현재 전 세계 대부분의 땅에는 인간의 발자취가 찍혀 있습니다. 인간이 살기 힘든 오지와 작은 무인도까지도 한 나라의 영토로 정해져 있죠. 그럼 하와이는 어느 나라의 섬일까요? 괌과 더불어 미국의 영토로 둘 다 유명한 관광지죠. 그 밖에도 태평양에는 사이판, 피지, 사모아, 통가, 타히티, 뉴칼레도니아 등등 한 번쯤은 들어보았을 익숙한 이름의 섬들이 많습니다. 이 중에서 타히티는 후기인상파 화가 폴 고갱이 이국적 영감을 얻으며 작품 활동을 했던 섬으로도 유명합니다. 타히티섬의 원주민 여인들을 그린 폴 고갱의 작품이 2015년 3,000억 원에 팔리기도 했죠. 그런데 지도에서도 찾기 힘들 정도로 작은 이 섬들에는 언제부터 인간들이 거주하기 시작했을까요? 그리고 이들은 어떻게 광활한 바다를 건너서 섬에 도착할 수 있었을까요?

20만 년 전 아프리카 에티오피아에서 출현한 현생인류는 10만 년 전 아라비아반도를 거쳐 이스라엘까지 진출합니다. 그리고 계속 동쪽으로 이동해 중앙아시아를 거쳐 7만 년 전에 인도와 필리핀까지 갔고, 5만 년 전에는 오스트레일리아, 4만 5,000년 전에는 그리스에 도착해 처음으로 유럽에 진출합니다. 유럽에 살던 네안데르탈인은 현생인류와의 경쟁에서 패해 5,000년 뒤 사라지게 되죠.

현생인류의 이동은 멈추지 않아 2만~1만 년 전쯤에는 북아메리카를 거쳐 남아메리카까지 뻗어 나갑니다. 물론 이는 지금까지 발견된 화석을 근거로 추정하는 것이니 새로운 화석이 발견되면 그 추정치는 바뀔 수 있습니다. 그러면 앞에서 한 질문대로 태평양의 여러 섬들에는 언제쯤 도착했을까요? 피지와 사모아에는 기원전 1000년쯤, 태평양 한가운데에 있는 하와이에는 기원후 290년쯤 인류가 도착합니다. 카누 같은 작은 배를 이용해 섬에 도착했다는 사실을 떠올려보면 그저 놀라울 따름입니다.

태평양의 섬들은 세 가지 그룹으로 묶을 수 있는데요, 파푸아뉴기니의 동쪽 섬들과 오스트레일리아 오른쪽의 솔로몬, 뉴칼레도니아 등을 통틀어 '멜라네시아(검은 섬들)'라고 부릅니다. 그리고 필리핀 오른쪽의 괌, 사이판, 팔라우, 키리바시처럼 작은 섬들을 묶어 '미크로네시아(작은 섬들)'라고 하고, 마지막으로 태평양의 가운데 있는 하와이를 비롯해 사모아, 투발루, 통가, 이스터섬들을 묶어 '폴리네시아(많은 섬들)'라고 합니다. 칠레 건너편의 이스터섬은 14톤이나 되는 커다란 모아이 석상으로 유명하죠.

그런데 수많은 작은 섬들에 인류가 도착해 거주하는 동안, 신기하게도 대한민국의 세 배나 되는 커다란 섬 뉴질랜드에는 인간의 도착 시기가 많이 늦어 1250~1300년에야 폴리네시아의 원주민들이 도착해 정착을 하게 됩니다. 그들이 바로 얼굴에 분장을 하고, 전투에 나서기 전에 혀를 내밀고 춤을 추며 용기를 북돋는 마오리족입니다.

이후 1642년 네덜란드 탐험가 타스만이 뉴질랜드에 도착하고, 1769년 제임스 쿡 선장이 뉴질랜드 전체를 배로 탐험하고 난 후 지도로 작성합니다. 그는 1778년에 유럽인 최초로 하와이도 찾아내죠. 그런데 어떻게 이렇게 큰 섬이 태평양의 다른 작은 섬들에

CAUTION
CROSSING
AT NIGHT

비해 원주민의 발견과 정착이 늦었을까요? 또 1519~1522년 세계 일주를 떠난 마젤란이 칠레의 마젤란해협을 돌아 태평양에 진출했을 때, 항로의 일직선상으로 쭉 가면 뉴질랜드에 도착할 수 있었는데 왜 발견하지 못했던 것일까요? 그 이유는 바로 강한 바람 때문입니다. 지구의 북반구와 남반구는 위도 30~60도 지대에 서쪽에서 동쪽으로 편서풍이 붑니다. 게다가 북반구에 비해 남반구는 땅이 얼마 없어 더 강한 속도로 불죠. 즉, 바다가 거칠어 항해가 어려울 수밖에 없습니다. 실제로 항해사들은 남반구의 이 지역을 '울부짖는 40도대roaring forties'라고 부르는데요, 뉴질랜드가 바로 34~47도에 걸쳐 있습니다. 그러니 바람을 이용해 항해하던 시절, 칠레 끝에서 태평양을 가로질러 오기란 불가능에 가까웠죠.

탐험가 타스만의 항해 경로도 마젤란과 반대인, 인도에서 오스트레일리아의 태즈메이니아 그리고 뉴질랜드로 이어집니다. 더불어 오스트레일리아와 뉴질랜드의 거리가 2,000킬로미터 이상 떨어져 있다는 점도 항해사들이 뉴질랜드에 접근하기 쉽지 않았던 이유 중 하나였을 테고요.

네덜란드 동인도회사의 직원이었던 타스만은 인도 옆의 인도네시아 근해를 탐험해 새로운 섬들을 많이 발견하고, 편서풍을 타기 위해 일부러 마다가스카르 옆 모리셔스Mauritus에서 출발합니다. 그래서 오스트레일리아 아래에 위치한 태즈메이니아까지 찾아냅니다. 그리고 계속 편서풍을 타고 가다 결국 뉴질랜드를 발견하게 되죠. 그는 이곳이 아르헨티나의 끝과 연결된 섬이라고 착각하고 스태튼 섬이라고 이름을 붙였습니다. 하지만 새로운 땅을 원했던 동인도 회사는 네덜란드 남서부 끝의 제일란트Zeeland[zee(바다)+land(땅)]라는 지명에 '새로운Nova'이라는 단어를 붙여 '노바제일란트Nova Zeeland' 라고 명명하는데요, 이것이 영어명 뉴질랜드New Zealand가 된 것이죠.

이후 제임스 쿡 선장을 비롯해 많은 유럽인들이 무역과 선교 활동을 위해 뉴질랜드로 몰려옵니다. 고래와 바다표범을 잡는 어업 기지로도 이용되죠. 이에 프랑스를 비롯해 서양 세력에 위협을 느낀 원주민들이 1840년 영국과 와이탕이 조약을 체결하고 영국의 보호 아래 들어갑니다. 원주민들은 영국으로부터 많은 핍박을 받았지만 아프리카나 아메리카에서의 참혹한 상황만큼은 아니었고, 다행스럽게도 1907년 영연방의 자치령으로 인정을 받을 수 있었습니다. 뉴질랜드는 지금도 영국의 군주를 왕으로 하는 입헌군주제의 나라입니다. 마오리족은 1950년대 이후 도시로 많이 이주했는데요, 백인들과 관계를 잘 풀어내 자신들의 전통과 풍습을 유지할 수 있었고, 이것이 오늘날 뉴질랜드의 소중한 관광자원 역할을 톡톡히 하고 있습니다. 참고로, 뉴질랜드는 세계에서 최초로 여성에게 참정권을 부여한 나라입니다(1893년).

뉴질랜드는 화산섬인 북섬(환태평양조산대의 일부)과 빙하 침식으로 생겨난 남섬(남극 대륙의 일부)으로 이뤄져 있습니다. 두 섬 모두 광물자원이 부족하지만 기후가 좋아 가축을 기르기에 좋은 환경입니다. 실제로 뉴질랜드는 세계 최대의 양고기 수출국이자 세계 2위의 양모 수출국으로 버터, 치즈, 분유 같은 유제품을 비롯해 수산물도 많이 수출하고 있죠.

마지막으로, 뉴질랜드는 지리적으로 고립되어 있어 덩치가 큰 포식 동물이나 뱀을 찾아볼 수 없는 섬입니다. 대신 수많은 식물들과 새들의 천국인데요, 날개가 퇴화되어 날지 못하는 키위 새^{kiwi bird}는 뉴질랜드 1달러 동전을 장식하는 국조로 뉴질랜드인의 큰 사랑을 받는 새입니다. 그리고 알다시피 과일 이름과 동일한데요, 중국에서 전해진 다래의 생김새가 키위 새와 닮아 '키위 과일^{kiwi fruit}('키위'라고만 하면 새와 혼동)'이라고 부르게 된 것입니다. 참고로, 새나 과일을 뒤에 붙이지 않고 그냥 키위라고 하면 뉴질랜드 사람들을 지칭합니다.

❶ 뉴질랜드는 하와이를 포함한 태평양의 작은 섬들보다 훨씬 늦게 인간의 손길이 닿았습니다.

❷ 뉴질랜드는 북섬이 화산지형, 남섬이 빙하지형으로 전혀 다른 두 개의 섬이 모인 나라입니다.

· 어록의 발견 ·

에드먼드 힐러리 경의 명언을 영어로 표현해볼까요?

우리가 정복하는 것은 산이 아니라 바로 우리 자신이다.

It is not the mountain we conquer but ourselves.

언젠가, 어느 곳에서—그 어떤 곳이든,
틀림없이 본인 스스로와 마주치게 될 것이다.
그리고 단지 그때가 당신의 인생에서 가장 행복하거나
아니면 가장 쓰디쓴 시간일 것이다.

파블로 네루다(칠레)

다른 사람이
살라는 대로 살면,
행복할까?

자동차가 없는 작은 섬에서 자전거로 우편물을 배달하는 마리오라는 이름의 젊은이가 있습니다. 그의 가장 중요한 고객은 칠레에서 망명한 시인이죠. 마을의 한 여성을 짝사랑하지만 고백조차 못 하고 있던 마리오는 시인에게 어렵사리 이야기를 꺼냅니다. 소네트sonnet(14행의 짧은 시로 이루어진 서양 시가)의 고수인 시인에게 특별 과외를 부탁한 셈이죠.

그렇게 젊은 우편배달부는 시를 통해 사랑하는 여인뿐만 아니라 인생의 아름다움을 조금씩 깨닫게 됩니다. 또한 생각을 간결한 언어로 신선하게, 그리고 다르게 표현하는 법(은유)도 배우게 되죠. 1950년대 이탈리아의 한 섬을 배경으로 한 영화 〈일 포스티노: 우편배달부〉의 내용입니다. 젊은 우편배달부가 생각, 감정, 그리고 삶의 언어를 즐기고 나아가 다른 이들과 어떻게 나누는지 깨우치도록 돕는 시인의 정체는 바로 1971년 노벨 문학상을 받은 칠레의 시인 파블로 네루다Pablo Neruda(1904~1973년)입니다.

네루다는 칠레의 중북부 작은 도시에서 철도 노동자 아버지와 학교 교사인 어머니 사이에서 태어났습니다. 그는 어릴 적부터 글쓰기를 좋아해 열세 살에 지역신문에 시 〈열정과 인내〉를 발표해 주목을 받았죠. 열다섯 살 때는 지역의 시 경연 대회에서 〈이상적인 밤〉으로 3위에 오르기도 했습니다. 엄격했던 아버지는 네루다가 시를 쓰는 것을 강력하게 반대했는데요, 그에게는 든든한 지원군이 있었습니다. 바로 유럽의 클래식한 작품들과 러시아 문학에 빠질 수 있도록 이끌어준 학교의 여선생님 가브리엘라 미스트랄이었죠. 그녀는 1945년 노벨 문학상을 수상한 시인입니다. 지금까지 남미에서는 여섯 명의 노벨 문학상 수상자가 배출되었는데요, 그중 두 명이 칠레의 시인 네루다와 미스트랄입니다. 스승과 제자가 함께 노벨 문학상을 받은 것이죠.

네루다는 아버지의 눈을 피하기 위해 본명 대신 자신이 좋아하던 체코의 시인 얀 네루다의 성을 가져와 '파블로 네루다'라는 필명을 사용합니다. 열여섯 살에 칠레의 수도 산티아고에 있는 칠레대학교 불문과에 입학한 뒤로도 날마다 시를 쓰는 일에 몰두했죠. 그리고 유명 작가 에두아르도 바리오스의 도움으로 칠레 최고의 출판 편집자를 만나 열아홉 살에 운문집《황혼의 책》

을 발표하고, 이듬해《스무 편의 사랑의 시와 한 편의 절망의 노래》라는 파격적인 시집을 발표해 엄청난 주목을 받습니다. 이 시집은 지금까지 2,000만 부 이상 팔리며 스페인어로 쓰인 가장 사랑받는 시가 되었죠.

네루다는 시로 명성을 쌓았지만 경제적인 안정은 확실히 보장되지가 않았는데요, 다행히 문인을 영사나 대사로 기용하는 칠레의 문화 정책 덕분에 버마(지금의 미얀마) 랑군(지금의 양곤) 영사의 주재원이 됩니다. 이후 인도와 실론(지금의 스리랑카), 싱가포르를 거쳐 멕시코와 스페인의 영사를 역임하죠. 그는 방문하는 지역에서 다양한 문학작품을 접하며 영감의 자극제로 삼았고, 그 결과 열정, 파격, 사랑, 초현실, 희망, 운명이 느껴지는 시로 세계를 감동시킵니다.

네루다는 독재 정권에 맞서 가난한 민중을 위해 시를 써 현실 정치에서 대통령으로 추대되기도 합니다. 그의 현실 참여는 스페인 영사 시절 친해진 스페인 시인 페데리코 로르카가 프랑코 독재 정부에 살해당하면서 더욱더 확고해졌습니다. 네루다에게 "잉크보다 피에 가까운 시인"이란 유명한 말을 한 사람이 바로 로르카죠. 공정하고 정의로운 사회를 꿈꾸었던 네루다의 마음을 잘 파악하고 있었던 것입니다.

네루다는 대통령이 될 수도 있었지만 의사이자 정치가였던 그의 친구 살바도르 아옌데를 지지하고, 1970년에 아옌데는 칠레 최초로 민주 선거를 통해 대통령에 당선됩니다. 이듬해에 네루다는 문학 인생 최고의 황금기를 맞이합니다. 바로 노벨 문학상을 수상한 거죠. 그토록 사랑하는 문학과 조국 칠레를 위해 평생을 헌신한 그의 노년은 아름답게 마무리될 듯했습니다. 하지만 그의 꿈은 고작 몇 년밖에 이어지지 못했습니다. 1973년 피노체트가 쿠데타를 일으켜 아옌데를 암살하고 정권을 차지한 것입니다. 다시 독재 정권의 손아귀에 들어간 칠레를 보며 비통에 잠긴 네루다는 같은 해 9월 암으로 세상을 떠납니다.

그런데 칠레 국민들은 지금까지 네루다의 죽음에 한 가지 의문을 품고 있습니다. 평소 쿠바의 봉쇄정책을 포함해 미국 정부를 수없이 비판한 네루다를 미국 CIA의 지원을 받은 피노체트가 암살했다고 믿고 있는 것이죠.

자신이 쓴 시만큼이나 열정, 연민, 사랑이 가득한 삶을 살았던 파블로 네루다. 네루다의 어머니는 그가 태어나고 얼마 안 되어 세상을 떠났는데요, 엄마의 따뜻한 사랑을 받지 못한 외로운 소년은 어떻게 위대한 대문호가 되었을까요? 우리는 그가 남긴 명언에서 비밀의 단서를 찾을 수 있습니다.

"언젠가, 어느 곳에서―그 어떤 곳이든, 틀림없이 본인 스스로와 마주치게 될 것이다. 그리고 단지 그때가 당신의 인생에서 가장 행복하거나 아니면 가장 쓰디쓴 시간일 것이다."

우리는 흔히 스스로 생각하는 나보다, 남이 생각하고 평가하는 나에게 더 많은 애착을 가집니다. 남들이 정해놓은 평가를 얻기 위해 적지 않은 시간을 투자합니다. 작게는 옷이나 가방 같은 물건부터 크게는 학교, 직업을 선택할 때도 가족을 포함한 주위 의견에 많은 신경을 쓰죠. 물론 좋은 선택을 위해 다른 사람들의 의견을 참고하는 것은 적절한 방법입니다. 하지만 '나 스스로를 제대로 직시하는 시간과 경험'이 없는 선택은 결코 행복을 가져다주지 않습니다.

많은 이들이 선망하는 직업을 가진 사람들이 종종 상식 이하의 행동으로 미디어에 보도됩니다. 그들은 왜 이해되지 않는 행동을 하는 것일까요? 스스로의 선택이 아닌 학습받고 강요받은 선택이기에 막상 직업을 가져도 스스로 행복하지 않기 때문입니다! 결국 남에게 보이기 위한 선택이었지, 자신과 대면해서 선택한 것은 아니었던 거죠. 다른 사람이 살라는 대로 살면 성공한 것처럼 보일 수는 있습니다. 그러나 절대 행복할 수는 없습니다. 분명 온전히 나와 마주하는 시간이 있어야 합니다. 그래야 내게 가장 소중하고 가치 있는 것이 무엇인지 스스로 알게 됩니다! 아무리 맛있는 음식도 알레르기가 있는 사람이 있고 싫어하는 사람이 있듯 말입니다.

성공과 행복은 동의어가 아닙니다. 성공이 행복의 열쇠가 아니라, 행복이 진정한 성공의 열쇠입니다! 하루에 한 번 잠시라도 꼭, 나를 남과 비교하는 대신 온전히 스스로와 마주하는 행복한 시간을 만드시기 바랍니다! 이미 잘하고 계시겠지만, 행복한 깨달음을 다른 분들에게도 즐거운 마음으로 나눠 주시면 행복감이 배가 되지 않을까 합니다.

KEY-POINT

❶ 순간의 작은 깨달음과, 그 깨달음의 자그만 실천만으로도 인생이 바뀌는 엄청난 일들이 생깁니다.

❷ 성공해야 행복한 것이 아니라, 행복해야 진정으로 성공하게 됩니다.

이근철의 고품격 컬처 수다
교양의 발견

본래 한집이었던 북남미와 아프리카

서양인들이 즐겨 먹는 주식 중 하나가 감자입니다. 또, 이탈리아가 원조지만 미국에 의해 세계적인 음식으로 자리 잡은 피자에 꼭 들어가는 소스는 토마토죠. 동물 사료나 바이오 연료로 가장 많이 재배되는 것은 옥수수이고, 누구나 입고 있는 면 의류의 원료 식물은 목화입니다. 달달한 맛으로 사랑받는 초콜릿, 10억 명이나 되는 흡연자들의 기호품 담배, 음식의 필수 향신료인 고추, 각종 견과류와 딸기를 비롯한 블루베리, 크랜베리 등의 베리류와 익숙한 향인 바닐라까지 하나의 공통점이 있습니다. 무엇일까요? 모두 아메리카 대륙이 원산지라는 점입니다.

세계의 각 지역마다 특산물이 있지만, 아메리카 대륙의 특산물은 특히 다양합니다. 그리고 아메리카 대륙이 발견된 게 15세기 말이니 위의 식품들을 전 세계인이 맛보기 시작한 것은 기껏해야 몇백 년밖에 되지 않았다는 뜻입니다. 그런데 아메리카 대륙에서는 왜 이렇게 다른 지역들과 다른 농산물이 다양하게 생산되는 것일까요?

세계지도를 보면 흥미로운 점이 눈에 띕니다. 우리는 대한민국을 중심으로 오른쪽 태평양 건너편에 미국이 있는 세계지도에 익숙합니다. 물론 왼쪽 끝은 유럽이죠. 그런데 유럽이나 북남미에서 펴낸 지도를 보면 유럽의 왼쪽 건너편에 미국이 있습니다. 물론 이것은 그 어떤 나라이든 자국을 지도의 중심에 두고 싶기 때문일 겁니다. 유럽이 중심인 지도를 기준으로 보면 한국을 동쪽 끝인 극동, 우즈베키스탄이나 카자흐스탄이 있는 지역을 중앙아시아라고 부르는 것이 이해가 됩니다. 더불어 유럽을 기준으로 오른쪽에 있는 본래 인도를 동인도, 콜럼버스가 인도인 줄 알고 도착했던 쿠바와 도미니크공화국을 포함한 지역을 서인도제도라고 잘못 부르는 이유도 역시 이해가 갑니다. 계속, 열심히 세계지도를 살펴볼까요? 아주 재미있는 게 보일 겁니다. 아프리카 대륙의 왼쪽에 움푹 들어간 부분(카메룬과 나이지리아)과 남미의 오른쪽에 불룩 튀어나온 부분(브라질의 동쪽 끝)이 서로 절묘하게 맞아떨어지죠. 또 미국 동부 해안선과 아프리카 왼쪽 북부(모로코와 서부 사하라)가 맞아떨어집니다. 이는 2억 8,000만 년 전에 하나의 덩어리(판게아)였던 지각이 1억 년 뒤 북반구의 대륙(로라시아)과 남반구의 대륙(곤드와나)으로 나뉘기 때문이죠. 그리고 다시 1억 년에 걸쳐 남미와 북미가 아프리카에서 완전히 떨어져 나오면서 지금과 같은 모습을 보이게 된 것입니다.

이러한 지각변동으로 남미는 그 어떤 대륙과도 연결되지 않은 채 6,000만 년을 지나게 됩니다. 오랜 기간 동안 다른 세계와 단절되었기에 독자적인 식생대가 생길 수밖에 없었죠. 그러다가 300만 년 전 북미와 남미가 작은 다리 같은 지형(지금의 파나마)을 통해 연결되면서 처음으로 북미와 남미의 동물들이 왕래하기 시작합니다. 하지만 동물의 빠른 이동 속도에 견주어 식물의 전파는 늦을 수밖에 없었고, 북남미의 농산물은 오랫동안 각자의 지역에 국한돼 독특한 식생을 이루다가 15세기 이후 인간들에 의해 전 세계로 퍼지게 됩니다. 아메리카 대륙에 독특한 농산물이 많은 게 바로 이런 이유 때문인 것이죠. 이렇듯 지리적인 여건은 그 지역에 생존하는 동식물에 지대한 영향을 줄 수밖에 없습니다.

대한민국의 봄, 여름, 가을, 겨울은 시간이 지나야만 즐길 수 있는

계절이지만 칠레는 사계절을 한꺼번에 즐길 수가 있습니다. 남북의 길이가 서울—부산의 직선거리보다 13배나 긴 4,300킬로미터에 달하기 때문이죠. 칠레는 북쪽은 사막지대, 수도 산티아고가 있는 중부는 온대와 지중해성 기후, 남쪽 끝인 파타고니아 지역은 초원지대부터 해양성 기후와 빙하지형까지 다양합니다. 북쪽 사막 지역과 남쪽 빙하 지역은 사람이 거주하기 힘든 환경이라 1,800만 명 칠레 인구의 40퍼센트가 수도 산티아고와 그 주변에 살고 있죠.

그런데 칠레의 국토는 왜 이렇게 남북으로만 길까요? 칠레의 오른쪽 지역에 세계에서 가장 긴 안데스산맥이 남북으로 뻗어 있기 때문입니다. 안데스산맥의 평균 해발고도는 4,000미터라 칠레가 다른 지역으로 진출하는 것도 힘들고, 다른 지역에서 안데스산맥을 넘는 것도 힘들죠. 실제로 칠레에 처음 도착한 유럽인도 안데스산맥이 아닌 페루에서 배를 타고 온 스페인 사람들이었습니다. 잉카 제국을 멸망시킨 피사로의 부관 발디비아가 금과 은을 찾기 위해 부하 150명과 함께 칠레에 도착해 새로운 도시를 건설한 것이죠 (1541년). 그 도시가 바로 칠레의 수도 산티아고입니다. 이후 270년이란 긴 시간 동안 스페인의 식민지가 된 탓에 현재의 인구 비율을 보면 백인이 60퍼센트에 달하고 메스티소가 25퍼센트에 이르죠.

원주민은 고작 9퍼센트에 불과합니다. 물론 북부의 사막 지역이나 남부 파타고니아 쪽은 원주민의 비율이 더 높습니다. 특히 남부는 오랫동안 스페인에 맞서 싸웠던 원주민이 세운 마푸체왕국이 있었기 때문입니다. 종교도 스페인의 영향으로 가톨릭교가 55퍼센트에 달하며, 1810년 독립 이후 유입된 유럽 여러 나라 이민자들의 영향으로 개신교도가 15퍼센트를 차지하고 있죠. 칠레는 독립 이후 지금까지 대략 35번의 쿠데타가 벌어졌는데요, 최근에는 피노체트 정권이 1973년부터 1990년까지 17년 동안 독재를 휘둘렀습니다. 칠레는 동서의 너비가 평균 170킬로미터에 불과해 어디서든 두 시간 정도만 달리면 태평양에 닿을 수 있습니다. 자연히 수산업이 발달해 노르웨이에 이어 세계에서 두 번째 연어 수출국입니다. 또한 세계 최대의 구리 생산지이자 질 좋고 저렴한 와인 생산지로도 유명하죠. 19세기 후반 미국 동북부의 뿌리진딧물이 프랑스를 시작으로 전 세계를 휩쓸어 포도 농사를 망치는데요, 유독 칠레만 피해에서 벗어나면서 와인이 주목을 받기 시작한 것입니다. 칠레는 '불의 고리'라고 불리는 환태평양화산대에 속해 이따금 강진이 발생하기도 합니다.

마지막으로, 칠레의 영토인 산티아고에서 3,500킬로미터 떨어진 태평양의 이스터섬Easter Island이 유명한데요, 유네스코에 등재된 세계 문화유산 이스터섬에는 12세기 원주민(라파누이)이 만든 1,000여 개의 거대한 모아이^{Moai} 석상이 신비로운 장관을 연출합니다. 이 유명한 관광지의 이름은 1722년 미지의 땅 오스트레일리아를 찾아 나섰던 네덜란드 탐험가 야콥 로게빈이 부활절^{Easter}에 섬을 발견한 데서 유래합니다.

KEY-POINT

❶ 아메리카만의 특산물이 많은 이유는 오랫동안 다른 세계로부터 지리적으로 고립되어 있었기 때문입니다.

❷ 칠레의 지형적 특성이 역사, 민족 구성, 종교, 그리고 산업과 문화에까지 커다란 영향을 끼쳤습니다.

· 어록의 발견 ·

파블로 네루다의 명언을 영어로 표현해볼까요?

언젠가, 어느 곳에서―그 어떤 곳이든, 틀림없이 본인 스스로와 마주치게 될 것이다. 그리고 단지 그때가 당신의 인생에서 가장 행복하거나 아니면 가장 쓰디쓴 시간일 것이다.

Someday, somewhere anywhere, unfailingly, you'll find yourself, and that, and only that, can be the happiest or bitterest hour of your life.

제가 지금까지 받았던 최고의 충고는 너 자신이 되라는 것입니다.
최고의 예술가들은 그렇게 하죠.

프랭크 게리(캐나다)

주인공은
나야나

엘리베이터 문이 열리고 안으로 들어섰는데 우연히 나와 똑같은 옷을 입은 사람이 있으면 어떤 기분이 들까요? 조금씩 반응이 다르겠지만, 적어도 '우아, 똑같은 옷이잖아! 정말 기분 좋은데!'라고 생각하는 경우는 드물 겁니다. 물론 전혀 신경 쓰지 않는 분도 있겠지만, 보통은 빨리 엘리베이터 문이 열리기만을 바라겠죠. 이런 상황에서 느끼는 감정의 밑바닥에는 어떤 이유가 있을까요?

보통 건물 하면 직육면체 형태로 위로 솟구친 모습을 떠올립니다. 그래서 두 건물이 마치 커플 춤을 추는 듯한 프라하의 춤추는 건물(댄싱 빌딩), 구겨진 종이봉투처럼 생긴 시드니의 UTS(시드니과학기술대학교) 건물, 티타늄 외관이 마법의 세계로 떠나는 은색 범선처럼 보이는 LA의 월트 디즈니 콘서트홀을 보면 건물에 대한 고정관념이 와르르 무너지게 됩니다. 한 번만 봐도 기억에 오래도록 남는 특이한 위의 건물들을 설계해 "건축을 조각과 같은 예술로 승화시켰다"라는 평을 받는 세계적인 건축가가 바로 프랭크 게리Frank Gehry(1929년~)인데요, 프랭크 게리의 대표작은 이 밖에도 깔끔한 흰 드레스를 입고서 사람들을 반기는 블랙홀의 변신과도 같은 뉴욕의 구겐하임미술관, 매끈하고 신비로운 우주 도시처럼 보이는 스페인의 구겐하임빌바오미술관, 파도가 일렁이는 듯한 외양에 서핑을 할 수 있을 것만 같은 뉴욕의 76층 게리타워(8 스프루스 스트리트), 그리고 공원 아래에 건설된 도시 같은 느낌의 페이스북 신사옥까지 손에 꼽기도 힘들 정도입니다. 실제로 그가 설계한 건축물들은 영감을 불러일으키는 예술 작품으로서 지역의 랜드마크로 자리 잡고 있죠.

프랭크 게리는 1989년 건축의 노벨상으로 불리는 프리츠커 건축상Pritzker Architecture Prize을 수상하고, 2010년에는 잡지 〈베니티 페어 Vanity Fair〉가 진행한 '세계 건축물에 관한 설문World Architecture Survey'에서 '이 시대 가장 중요한 건축가'로 뽑히기도 했습니다. 지금도 90세에 가까운 나이가 믿기지 않을 만큼 열정적으로 활동하며 천재성을 발휘하고 있죠.

그러면 그는 어릴 때부터 천재였을까요? 전혀 아닙니다. 프랭크의 아버지는 그를 몽상가라 부르며 큰 기대를 하지 않았다고 합니다. 프랭크 스스로도 서던캘리포니아대학교^{University of Southern California, USC}에서 공부할 때 건축 모형을 만드는 손재주가 신통치 않아 고생을 많이 했다고 하죠. 그러면 그는 어떻게 건축계의 거장이 되었을까요?

출발점은 바로 스스로에 대한 작은 관심이었습니다. 프랭크의 가족은 프랭크가 열여덟 살 때 캐나다 토론토에서 미국 LA로 이민을 와서 정착하게 됩니다. 그는 가정 형편이 좋지 않아 배달 트럭 운전사로 일하며 LA의 시립대학을 다녔죠. 라디오방송 쪽이나 화학공학과 같은 여러 분야를 탐색하지만 그의 적성이 아니었습니다. 그래서 그는 스스로에게 중요한 질문을 던집니다.

'나는 무엇을 좋아하지?'

이 간단한 질문, 즉 자기 자신에 대한 관심을 통해 프랭크는 자신만의 답을 찾아 나섭니다. 그리고 그가 찾은 대답은 바로 어릴 적 할머니와 함께 했던 블록 집짓기 놀이, 엄마 손을 잡고 따라나섰던 미술관과 전시회에서의 행복한 기억이었습니다. 그는 고민 끝에 건축을 공부하기로 결심하는데요, 결과적으로 어린 시절의 행복했던 기억이 그를 건축의 세계로 이끈 것입니다.

우리는 흔히 가장 좋은 환경과 가장 좋은 교육을 통해 최고의 인재가 만들어진다고 생각합니다. 하지만 이렇게 만들어지는 인재는 시키는 일을 잘 해내는 사람이지, 결코 창의성으로 세계를 감동시킬 수는 없습니다. 그런 점에서 프랭크 게리의 "제가 지금까지 받았던 최고의 충고는 너 자신이 되라는 것입니다. 최고의 예술가들은 그렇게 하죠"라는 말은 창의성의 소중함을 다시금 일깨워줍니다.

프랭크 게리가 자기만의 독창적인 세계로 건축계의 거장이 될 수 있었던 밑바탕에는 물론 건축학도로서의 탄탄한 공부가 한몫했습니다. 그러나 트럭 운전을 비롯한 젊은 시절의 다양한 경험, 새로움에 대한 목마름으로 떠난 파리에서의 생활, 그리고 건축 분야를 넘어 조각과 페인팅 같은 다른 분야 전문가들과의 활발한 교류가 없었다면 결코 자신만의 세계를 만들어낼 수는 없었을 겁니다. 만일 그가 정형화된 인재로서의 안정감을 원했다면 하버드대학원에서 도시계획 전공을 중간에 그만두지도 않았을 테죠. 하지만 그는 새로움을 향해 과감히 현재의 인생 궤적을 바꿔 성공에 이를 수 있었습니다. 이는 단순히 좋은 환경이 아니라, 자극이 풍부한 환경에서 창의적 인재와 세계적인 작품과 제품이 나온다는 것을 다시 한번 확인하게 해주는 예일 겁니다.

오래전에 저의 지인이 애지중지 소장하던 프랭크 게리의 의자를 보여준 적이 있습니다. 그랜드파 비버 의자Grandpa Beaver Chair라는 이름을 가진, 두꺼운 종이로 만든 특이한 의자였는데요. 저는 그날의 감동을 지금도 또렷이 기억합니다. 의자에 대한 고정관념이 무참히 깨지던 순간의 충격에 한동안 먹먹했죠. 그만큼 창의적 사고가 우리에게 끼치는 힘은 너무나 강력합니다.

마지막으로, 꼭 기억해야 할 것이 있습니다. 자기만의 색깔로 해당 분야에서 전문성을 인정받는 이들의 독창성과 창의성이 처음부터 선물처럼 주어지는 경우는 별로 없다는 것입니다. 그들은 자기만의 색깔을 찾기 위해 수많은 노력을 기울였습니다. 프랭크 게리처럼 내가 좋아하는 게 무엇인지 스스로에게 좀 더 많은 관심을 쏟아야 합니다. 그리고 보다 많이 경험하고 새로운 것을 찾아가는 과정을 반복해야 합니다. 그럴 때 비로소 자기만의 색깔을 찾아 그것을 세상을 향해 활짝 드러낼 수 있다고 생각합니다. 스스로의 색깔을 가지고 있지만, 고집스러운 자아가 아니라, 언제든 새로운 창의성을 위해 열려 있는 자아로 발효가 될 수 있는 것이죠. 순수한 물이 발효가 되어 향기로운 술이 되듯이 말입니다.

KEY·POINT

❶ 몽상가라고 불리고 모형을 만드는 손재주도 신통치 않았지만 프랭크는 결국 건축의 거장이 됩니다.

❷ 그저 좋은 환경이 아니라 오히려 자극이 풍부한 환경이 창의성을 가져옵니다.

이근철의 고품격 컬처 수다
교양의 발견

문화의
발견

인종의 도가니 vs. 문화의 모자이크

우리나라 학생들이 유학을 가장 많이 가는 나라 미국과 캐나다는 국토의 규모와 1인당 GDP도 서로 비슷하며, 맞닿은 국경을 통해 자유로운 왕래가 가능해 많은 것들을 공유하고 있습니다. 프로레슬러 출신 영화배우 드웨인 존슨, 영화 〈아바타〉의 감독 제임스 카메론, 콘서트의 여왕 셀린 디온이나 2억 명의 SNS 팔로어를 자랑하는 저스틴 비버 같은 캐나다인들의 활동 모습을 미국의 각종 매체에서 흔히 볼 수 있죠. 사실 국적을 밝히지 않는 이상 그냥 미국인처럼 보입니다. 그렇다면 문화적으로 캐나다를 미국과 거의 동일하다고 봐도 될까요? 문화는 그곳에서 살아온 사람들의 역사를 살펴보면 어느 정도 드러나니 시간을 거슬러 올라가보겠습니다. 만일 타임머신을 타고서 북아메리카에 살던 사람들을 만나보고 싶다면 대략 1만 5,000년 전으로 돌아가면 됩니다.

지금은 베링해협으로 나뉘어 있지만, 1만 5,000년 전에는 러시아의 동북쪽 끝과 알래스카가 맞닿아 있었습니다. 이를 통해 오랜 세월에 걸쳐 아시아에서 알래스카로 이주해 정착한 이들이 바로 이누이트Inuit(에스키모)죠. 그리고 이들의 후손이 남으로 내려와 북아메리카 원주민(아메린디언)이 되었습니다. 기원후 1000년쯤에는 바이킹들이 그린란드를 거쳐 캐나다에 도착했는데요, 그들은 캐나다에 정착하지는 않습니다. 이후 500년쯤 지난 1497년 이탈리아 출신의 탐험가 지오반니 카보토Giovanni Caboto(1450~1498년)가 뉴펀들랜드Newfoundland 지방을 발견했습니다. 콜럼버스의 신대륙 발견(1492년)에 자극을 받은 영국 왕 헨리 7세가 그에게 아시아로 가는 항로를 개척하도록 지시했는데요, 아시아가 아닌 캐나다에 도착한 것이죠. 그리고 40년 뒤에는 프랑스의 왕 프랑수아 1세의 명령을 받은 탐험가 자크 카르티에Jacques Cartier(1491~1557년)가 황금을 찾아 캐나다에 도착합니다. 그는 세인트로렌스강St. Lawrence R.을 따라 내륙 깊숙이 들어와 원주민들의 마을을 발견하지만, 황금은 찾지

이근철의 고품격 컬처 수다
교양의 발견

못하고 대신 모피 교역을 시작하게 됩니다. 그리고 당시 원주민 언어로 '마을'이라는 뜻의 단어 '카나타Kanata'가 이후 캐나다의 국명이 되었습니다.

1600년 초부터 100년 동안 캐나다는 정착지를 개척한 프랑스인들 사이에서 '뉴프랑스New France'라는 이름으로 불렸습니다. 정확히는 현재 캐나다의 퀘벡시티Quebec City 지역을 말합니다. 그리고 프랑스인들은 계속해서 강을 따라 오대호 연안의 온타리오Ontario주까지 진출하는데요, 그사이 영국은 북아메리카 동부 연안(미국)에 13개의 정착지를 만들게 됩니다.

북아메리카 북부부터 남부로 개척지를 넓혀나가던 프랑스와 동쪽 연안을 개척하던 영국 사이에 갈등이 생길 수밖에 없는 상황이었죠. 그런데 이때 유럽에서 7년 전쟁(1756~1763년)이 발발하고, 영국의 승리로 캐나다는 영국의 지배하에 놓이게 됩니다. 하지만 오랫동안 캐나다에 거주하며 주류 세력을 이루었던 프랑스인들을 무조건 억압할 수만은 없었던 영국은 프랑스인들의 종교(가톨릭교)와 민법을 그대로 인정하며(1774년) 마찰을 피합니다. 현재 캐나다가 영어와 프랑스어를 모두 공식어로 사용하는 이유가 이 때문이죠.

그리고 2년 뒤 프랑스와의 전쟁에서 영국에 도움을 주었던 동부의 식민지는 영국과 독립전쟁(1776년)을 벌여 미국을 건국하게 됩니다. 전쟁이 끝날 때쯤 독립전쟁에 반대했던 이들이 캐나다로 이주하며 자연스레 미국과 캐나다에 국경선이 생겼죠.

캐나다는 전략적 선택으로 1931년까지 영국령으로 남아 있었는데요, 초대 총리 존 맥도널드가 서부 철도 건설을 추진하며 영토를 현재의 크기(밴쿠버가 있는 브리티시컬럼비아^{British Columbia}주를 포함한 북부의 주들)로 확장합니다. 이후 영국의 요청으로 제1차 세계대전에 참전해 공을 세운 캐나다는 1931년 영국으로부터 공식적인 독립을 인정받았으며, 1982년에는 영국 엘리자베스 여왕의 서명으로 마침내 독자적인 헌법을 보장받게 됩니다. 물론 캐나다는 아직도 대통령이 없는 총리 제도를 운영하고 있습니다. 내용이 조금 복잡하기는 하지만, 캐나다의 역사를 간략히 살펴보았습니다.

그렇다면 거의 같은 생활권으로 보이는 미국과 캐나다는 문화적으로 어떤 차이점이 있을까요? 미국은 영국과 싸워 독립을 쟁취한 나라로, 혈기 왕성한 10대 남자아이의 문화라고 볼 수 있습니다. 반면, 캐나다는 차근차근 현실에 맞게 행동하고 대화를 통해 영국에서 독립을 이뤄낸 나라로, 문화 코드로 보면 생기발랄한 10대 여자아이와 딱 맞습니다. 미국과 캐나다가 커플처럼 가장 친한 사이이면서도 가끔은 서로 의견이 맞지 않아 티격태격하는 것도 이 때문이죠.

더불어 미국은 종교 박해를 피해 영국에서 넘어온 이들이 만든 나라인 반면, 캐나다는 프랑스인들이 만든 나라입니다. 그래서 미국은 개신교가 절반(47퍼센트)을 차지하고 있지만, 캐나다는 가톨릭교 신자가 40퍼센트를 이루고 있죠. 또 미국은 초기부터 적극적인 이민정책을 펼쳐 전 세계에서 다양한 이민자들을 불러들였습니다. 한마디로 이민자들을 자국의 문화에 동화시키는 인종의 도가니 정책을 썼죠. 하지만 캐나다는 유럽에서 건너온 백인들을 중심으로 삼고 그 밖의 다양한 문화를 인정하는 과정을 정책적으로 반영하는 문화적 모자이크의 모습이 강합니다.

캐나다는 시간대가 6개로 나뉘는 세계에서 두 번째로 큰 국토를 자랑하지만 인구는 미국의 10분의 1밖에 되지 않습니다. 그리고 문화 모자이크의 측면에서 보면 알래스카에 살던 이누이트(15만 명)와 또 다른 원주민인 퍼스트네이션First Nations(70만 명), 그리고 이들과 유럽인의 혼혈인 메티스Metis(70만 명)도 그들만의 독립된 문자와 언어를 모두 인정받아 살아가고 있습니다. 참고로, 프랑스어 사용자가 80퍼센트에 달하는 퀘벡주는 캐나다로부터의 독립을 주장하며 두 차례 주민투표(1970년, 1985년)를 실시했지만 통과되지는 않았습니다.

한편 캐나다는 산림자원과 석유와 광물 같은 천연자원이 풍부한데요, 튼튼한 재정을 바탕으로 학교는 90퍼센트가 국립이고 고등학교까지 의무교육을 실시하고 있습니다. 지역마다 조금씩 차이는 있지만 보통은 대학 입학시험이 따로 없죠. 학비도 미국에 비해 저렴한 편입니다. 참고로, 1957년 이집트의 수에즈운하를 둘러싸고 서방 강대국들 사이에 일촉즉발의 위기 상황이 벌어졌는데요, 이를 해결해 노벨상(1957년)을 받은 이가 캐나다 전 외무 장관인 레스터 피어슨Lester Pearson입니다. 그는 이후 국무총리가 돼 좋은 정책들을 많이 입안했는데요. 영국 국기와 단풍잎이 있던 이전의 국기 대신, 지금의 단풍잎이 그려진 캐나다 국기로 바꾼 인물이기도 합니다.

❶ 미국은 이민자를 자국에 동화시키는 정책을 쓴 반면, 캐나다는 문화를 보호해주는 정책을 씁니다.

❷ 캐나다는 10대 여자아이 같은 문화를, 미국은 10대 남자아이 같은 문화를 가졌습니다.

· 어록의 발견 ·

프랭크 게리의 명언을 영어로 표현해볼까요?

제가 지금까지 받았던 최고의 충고는 너 자신이 되라는 것입니다. 최고의 예술가들은 그렇게 하죠.

The best advice I've received is to be yourself. The best artists do that.

이근철의 고품격 컬처 수다

교양의 발견

제1판 1쇄 인쇄 | 2018년 8월 27일
제1판 1쇄 발행 | 2018년 9월 3일

지은이 | 이근철
펴낸이 | 한경준
펴낸곳 | 한국경제신문 한경BP
책임편집 | 황혜정
교정교열 | 한지연
저작권 | 백상아
홍보 | 정준희 · 조아라
마케팅 | 배한일 · 김규형
디자인 | 김홍신
본문 디자인 | 디자인 현

주소 | 서울특별시 중구 청파로 463
기획출판팀 | 02-3604-553~6
영업마케팅팀 | 02-3604-595, 583 FAX | 02-3604-599
H | http://bp.hankyung.com   E | bp@hankyung.com
T | @hankbp   F | www.facebook.com / hankyungbp
등록 | 제 2-315(1967. 5. 15)

ISBN   978-89-475-4389-7   03320